L'ÉVOLUTION DE LA FEMME

L'Évolution de la Femme

PAR

Mme SOULEY-DARQUÉ

GAND
Société Coopérative « Volksdrukkerij » rue Hautport, 29
1908

L'Evolution de la Femme

CHAPITRE I

L'Evolution physique et morale de la Femme

Tout sur la terre : les êtres : hommes, animaux, plantes ; les choses, les idées, les ordres de faits, les langues, les littératures, les sociétés, la matière inorganique elle-même ; et tout dans l'espace, les nébuleuses informes, les planètes et les soleils, l'Univers entier en un mot est soumis à une loi inéluctable : l'évolution.

Rien n'a été créé d'une seule pièce — rien ne demeure immobile et semblable la durée d'un instant — tout change, se modifie, s'améliore, s'altère, se détériore, se désagrège sans une seconde de répit. Si quelques objets nous paraissent immuables c'est que les changements qui s'opèrent en eux sont infinitésimaux et échappent par là à nos observations, mais quelque lente que soit leur marche elle ne s'arrête jamais !

Ce mouvement universel et perpétuel, est le principe de tout progrès, de tout perfectionnement, de toute vie. Il est la cause aussi de toute déchéance, de toute mort.

Le couple humain est nécessairement subordonné à cette loi mais — chose curieuse — tandis que dans beaucoup d'espèces animales le mâle et la femelle évoluent parallèlement et uniformément, chez l'homme et chez la femme l'évolution paraît s'être disjointe ca jusqu'ici ils ont évolués l'un et l'autre sur des plan différents; ce n'est que depuis peu, et, pour divers raisons, que cette disjonction tend à disparaître et ce plans d'évolution à s'unifier.

Ce fait des plus remarquables, des plus importants, éclaire d'un jour nouveau toute l'histoire du couple humain.

Le premier point à déterminer dans l'évolution de la femme, c'est à dire dans sa marche ascendante ou descendante par rapport à l'homme, c'est son état actuel; en réalité ce point n'a pas plus d'importance qu'un autre : sur la ligne des déterminations tous les points sont égaux, chacun d'eux est le résultat du passé et procrée l'avenir.

Cependant celui-ci doit être choisi, parce que la nature actuelle de la femme tombant sous nos observations immédiates, il offre toute facilité pour l'examen.

Etudions donc l'état présent de la femme, sans nous occuper pour l'instant de sa place dans la société, mais en recherchant dans son essence intime et profonde sa situation par rapport à l'homme.

Nous verrons ensuite s'il est possible de déterminer la ligne d'évolution qu'elle suivra dans l'avenir et son point de jonction avec l'évolution masculine.

*
* *

Qu'est donc la femme dans son corps, dans son âme, dans son intelligence si on la compare à l'homme ? En d'autres termes est-elle physiquement, moralement, intellectuellement l'égale de l'homme ?

Sous le rapport physique, l'égalité de l'homme et de la femme n'est pas soutenable un instant.

Force, hardiesse, courage, endurance à la fatigue, santé, équilibre nerveux, tout est dévolu supérieurement à l'homme et sans être « l'éternelle blessée » de Michelet ou « l'enfant malade » d'Alfred de Vigny, la femme n'en est pas moins dans un état d'infériorité très marquée vis-à-vis de son compagnon. Sa taille est plus petite, — en prenant la moyenne bien entendu — son ossature moins forte; ses muscles sont moins développés; la largeur de son bassin provoquant l'écartement exagéré des fémurs les force à se diriger obliquement du dehors en dedans, ce qui rend la femme impropre aux trop longues marches; enfin les grossesses, l'allaitement, d'autres causes, sont des motifs d'épuisement au moins temporaires. Ces vérités sont si évidentes qu'il est presqu'inutile de les énumérer.

Les nombreux travaux des anthropologistes ne nous laissent aucun doute à ce sujet.

Plos, Pagliani, Quételet, Bodvitch, Axel Key, ont constaté, avec quelque différence dans les chiffres, ce qui ne change rien au résultat, que, comme taille, poids, capacité vitale, force musculaire, — malgré un développement plus précoce de la femme, — la supériorité, aussi bien dans les classes aisées que dans les classes pauvres, appartient incontestablement à l'homme. La capacité cranienne est moindre aussi chez la femme et son cerveau pèse moins que celui de l'homme. Selon Manouvrier le poids du cerveau de la femme serait par rapport à celui de l'homme de 89,0 à 100. Hammond fit des recherches comparatives sur le poids spécifique des substances grises et blanches des cerveaux d'après

20 cerveaux des deux sexes, il trouva un poids moindre des deux substances chez la femme.

Cette question de poids du cerveau à laquelle les anatomistes d'hier ajoutaient beaucoup d'importance, ne paraît pas préoccuper les nouveaux anatomistes qui attribuent le développement intellectuel à la multiplicité des ramilles terminales des cellules pyramidales ou *neurones*.

Le sang de la femme est moins chargé en globules rouges que celui de l'homme mais le nombre des globules blancs est égal chez les deux sexes.

Cependant la femme offre aux maladies, aux souffrances, aux fatigues nerveuses, aux privations de toutes sortes une plus grande résistance que l'homme.

Selon Robin (1) les maladies sont, en général, moins fréquentes chez la femme et aussi plus courtes et moins graves (2).

La vieillesse chez elle est aussi plus souvent exempte d'infirmité, la longévité est supérieure, presque tous les centenaires appartiennent au sexe féminin.

D'après Lombroso, (peu indulgent cependant pour la femme) la vieillesse chez elle est plus retardée que chez l'homme; ses cheveux tombent plus tard; elle conserve plus longtemps l'intégrité de ses facultés, de sa mémoire surtout, elle est moins sujette au marasme, à la surdité, aux ossifications et même aux affections morales de la vieillesse : égoïsme, cruauté, taciturnité, névrose.

---

(1) Dictionnaire médical encyclopédique.
(2) Ce qui d'après la théorie de Metchnikoff pourrait être attribué à la proportion plus grande chez la femme des globules blancs, ou leucocythes.

La femme enfin est généralement très sobre et c'est un précieux avantage. Ces compensations diminuent légèrement son infériorité mais sont loin de suffire pour hausser sous le rapport corporel la femme au niveau de l'homme.

Donc nous concluons sur ce premier point : infériorité physique très manifeste.

**

Au moral existe-t-il une supériorité quelconque d'un sexe sur l'autre ?

Il est d'autant plus difficile de répondre à cette question que, lorsque nous parlons de moral nous entendons désigner les qualités qui constituent le caractère de l'individu, qualités dont la force et l'utilité s'appliquent à la conservation et au développement de l'individu lui-même ou de son espèce — et aucunement à ce qu'on est convenu d'appeler qualités morales au point de vue religieux ou social, qualités qui sont pour la plupart des habitudes factices, imposées à l'homme ou à la femme, presque toujours pour assurer des suprématies de classes.

Parmi les qualités naturelles, la femme a pour elle ses facultés affectives : son cœur tendre et dévoué de fille, d'épouse, d'amante, toujours prêt à l'abnégation, au sacrifice et surtout son admirable dévouement maternel qui a été pour l'espèce humaine la plus précieuse des sauvegardes; c'est lui qui permet à l'enfance si longue, si débile de l'homme, de traverser tant d'embûches, de dangers, de maladies, d'accidents de toutes sortes; sans l'amour maternel, aussi profond, aussi absolu, il y a des siècles que l'humanité aurait sombré dans le néant et que les bêtes sauvages seules habiteraient notre planète.

Le courage de l'homme, apte aux combats, pour la défense de sa famille, de son clan, de sa tribu, de sa patrie, peut être mis en parallèle au point de vue utilité pour l'espèce, avec le dévouement maternel.

Le courage a amené chez l'homme le développement de qualités qui en dérivent : franchise, loyauté, sûreté dans les promesses, sentiment de la justice, qualités que la femme ne possède qu'à un degré bien moindre. Trop souvent, en effet, elle n'est qu'instinct et passion.

Si l'on envisage les qualités mauvaises, la balance peut se rétablir entre les deux sexes : L'homme est brutal, la femme est perfide; il est tyrannique, elle est rusée. Il abuse de sa force, elle de ses charmes. Il a des vices : le libertinage, le jeu, l'ivrognerie; elle est coquette, bavarde, inconséquente, futile. Remarquons cependant que les défauts des femmes semblent et sont en réalité un moyen de défense contre ceux des hommes : ainsi, la perfidie, la ruse, sont des manières excellentes à qui n'a pas la force d'échapper à une odieuse domination.

Ces défauts et ces qualités ne sont point répartis d'une façon absolument égale entre les deux sexes; certaines femmes ont des caractères masculins, et vice-versa : maints exemples pourraient en être fournis. Aussi quand on étudie une question de cette envergure il faut s'élever du particulier au général, regarder non autour de soi, mais au loin, tâcher de saisir l'humanité dans ses grandes lignes. Si nous tentons cet effort, bien évidemment « l'idée femme » apparaît différente de « l'idée homme ».

Il reste à décider laquelle des deux est supérieure à l'autre. Il est difficile de trancher cette délicate question. Au fond, l'homme et la femme se valent, ou, si l'on préfère, ils ne valent pas mieux l'un que l'autre.

Dans le domaine de l'intelligence, l'homme reprend un avantage indiscutable. Nous parlons toujours d'une façon très générale... Nous supposons, par exemple, que, s'il était possible de soupeser cette chose impondérable : l'intelligence, c'est celle des hommes prise dans sa totalité qui accuserait un poids plus fort. Cela ne veut pas dire qu'ici ou là ne se trouve tel cerveau féminin très supérieur à tel cerveau masculin et même à plusieurs réunis : non ! Mais l'exception ne fait pas la règle.

Certes, la femme est souvent d'un esprit vif et ouvert; elle a de grandes qualités d'assimilation et d'imitation; elle est fine, intuitive; ses jugements d'une portée un peu courte sont pleins de justesse; elle est souvent spirituelle et, en général, exprime ses idées, soit en paroles, soit par écrit, plus facilement que l'homme. Cependant, jusqu'à présent, les hautes cîmes de l'intelligence lui ont été inaccessibles : il n'y a pas eu encore de femme de génie.

Pas une seule. Cherchez dans les temps modernes, cherchez dans l'antiquité, parcourez les cinq parties du monde : vous n'en trouverez pas; il n'en est point.

L'Angleterre a eu trois siècles de complète floraison littéraire : quelle femme s'est révélée au niveau, je ne dis pas d'un Shakespeare — il plane au-dessus des plus hauts — mais d'une Byron? d'un Shelley? d'un Dickens? d'un Tennyson?

En France, du Moyen âge, de la Renaissance, quelques noms de femmes ont survécu : Marie de France, Louise Labé la belle cordière, Clémence Isaure, Christine de Pisan, Marguerite d'Angoulême. Mais n'est-ce pas la poésie de leur vie ou de leurs amours qui les a auréolées de gloire et sauvées de l'oubli? Que reste-t-il de leurs œuvres? Un sonnet, quelques vers, des contes recueillis par les anthologies, à titre de curiosité.

Au XVIIe, au XVIIIe siècles, le rôle de la femme s'accentue; de la Fronde à la Révolution, elle fait de la politique, elle protège et cultive les arts; elle a de l'esprit, du talent avec les duchesses de Chevreuse et de Longueville, Mlle de Gournay, Mlle de Montpensier, Mlle de Scudéri, Mme de Maintenon, Mme de Sévigné, Mme de Pompadour, Mme Dudeffant, Mlle de Lespinasse, la duchesse de Choiseuil, Mme du Chatelet, Mme Roland, tant d'autres; ce ne sont plus des noms seulement, mais de l'action et des œuvres. Cependant parmi ces femmes lettrées, spirituelles, laquelle portait en son cerveau ce soleil qu'on appelle génie?

De nos jours, il y eut, il est des esprits féminins éminents, certes; Mme de Staël, Marceline Desbordes-Valmore, George Sand trouvèrent des admirateurs enthousiastes; cette dernière, surtout avec sa merveilleuse abondance imaginative, ses idées élevées et hardies. Gustave Flaubert la comparait à un de ces fleuves d'Amérique immenses et tranquilles, belle et juste comparaison. Mais le fleuve des Amazones lui-même n'est pas l'Océan.

Et quelle est la renommée de femme qui de l'Espagne, de l'Italie, de la Suisse, de l'Allemagne, de la

Belgique, a passé les frontières? Quelle est celle qui nous vient de Suède, de Russie, d'Orient? Je n'en sais point. De la Chine, le nom de la poètesse Ko-Ma-Ti est venu jusqu'à nous. Nous ne sommes guère à même de goûter son talent. Les érudits la placent au nombre des poètes mineurs.

Dans les arts, dans la science, quelle est l'œuvre de la femme? Lui doit-on une seule grande découverte? Est-il une loi de la nature dont elle ait deviné les règles? A-t-elle produit un seul incontestable chef-d'œuvre? En musique, en architecture, en peinture, en sculpture, où sont ses créations? Dans la mécanique, de quelle trouvaille a-t-elle doté l'humanité? Quels secrets de la vie a-t-elle révélés? Ceux mêmes qu'elle eût pu trouver sous ses pas : la fécondité des fleurs, les métamorphoses des insectes, ne lui ont-ils pas échappé? Non, la femme n'est pas créatrice, il faut avoir le courage de le dire. Elle n'a ni invention, ni imagination; elle n'est pas réellement artiste, elle n'est guère poète; les sens du lyrique aussi bien que les sens du comique lui font défaut. Quelques brillantes exceptions, toutes de deuxième ordre, ne détruisent pas cette règle. La facilité, assurément, ne lui manque pas; elle sait se plier, suivre, imiter merveilleusement; toujours elle est satellite, toujours elle est reflet.

Retenons donc ce fait dans sa brutalité : infériorité *actuelle* de la femme.

***

Mais cette infériorité a-t-elle toujours existé?... En remontant à son origine, ne trouverait-on pas sa cause? N'est-elle pas, cette infériorité, le résultat d'un ensemble de faits, et ces faits ne pouvons-nous les déterminer?

Certes, oui : pas d'effet sans cause, pas de cause sans raison suffisante. Cherchons donc la *raison d'être* de l'infériorité féminine, et demandons-nous ensuite si *avant* l'apparition de cette raison d'être, la femme *pouvait* être inférieure. Pour cette recherche, il nous faut jeter un coup d'œil sur l'histoire naturelle des races.

La nature ne fait rien sans un but précis. Elle est la logique même. Son économie est admirable, malgré ses ressources, sitôt qu'un organe ou une faculté devient inutile, elle le supprime ; en revanche, elle l'accroît, le fortifie ou en crée de nouveaux si le besoin s'en fait sentir.

En un mot, l'organe répond toujours à la fonction, ainsi que l'a victorieusement démontré Darwin, et la fonction répond elle-même au plus grand bien de l'espèce.

Et c'est le grand travail de l'évolution qui accomplit ce miracle. Par elle, à l'aide de deux seuls agents : la sélection, c'est-à-dire la chance qu'a le plus fort, le plus apte à survivre, à se reproduire au détriment des plus faibles, des moins bien doués qui sont éliminés; et l'hérédité, qui transmet et accumule les qualités, les particularités, qui les conserve le long des âges à travers des milliers de générations, — par elle, par l'Evolution, dis-je, se forment et se transforment les innombrables variétés d'espèces animales et végétales.

C'est elle qui, les adaptant aux milieux les plus hétérogènes, les doue de facultés extraordinaires, trouve des inventions stupéfiantes, d'une diversité infinie de moyens, pour leur permettre de chercher leur proie, de se nourrir, de se reproduire.

C'est elle qui les fait voler, nager, ramper, courir,

qui les arme de dents, de becs, de griffes, de cornes, de défenses formidables, qui les blinde de cuir, de carapaces, de coquilles, qui les couvre de laine, de fourrure, de plumes ; c'est elle qui agit encore dans les profondeurs les plus cachées de l'organisme. Rien n'est laissé au hasard, au caprice, et les qualités d'ordre moral elles-mêmes, aussi nécessaires que les organes à la conservation de l'espèce : le courage, puissant moyen de défense, aussi bien que la poltronnerie, mère de l'agilité ; la prudence, la prévoyance, la ruse, l'amour des petits, les instincts migrateurs et constructeurs, tant d'autres qualités encore sont le produit héréditaire, la somme précieuse de luttes, d'efforts, de souffrances et de victoires sans nombre.

Ces faits admis, et ils ne sont pas contestables, il est tout naturel de ranger l'inégalité des sexes parmi ces qualités acquises comme étant d'une nécessité absolue. Cette inégalité fut la sauvegarde de l'espèce humaine, le moyen le plus puissant qui lui permit de vaincre dans sa grande lutte contre les éléments, contre les fauves et contre les hommes eux-mêmes.

En effet, les sexes, en se différenciant, acquirent chacun des qualités complémentaires qu'ils appliquèrent à l'éternel et unique but de la nature : la procréation, l'élevage des jeunes. Et cette naturelle division du travail, cette diversité de fonctions : la force et le courage de l'homme combattant au dehors pour la défense et la nourriture des siens, le dévouement et la vigilance de la femme préservant les enfants, — fut si favorable à l'espèce humaine, qu'elle se maintint, se développa, prospéra et finit par asservir ou détruire presque toutes les autres espèces.

Telle est la raison de l'infériorité physique et intellectuelle de la femme.

* * *

Examinons maintenant si cette infériorité ou plutôt cette diversité de qualités a *toujours* existé.

Ce point est important à déterminer, car il entraînera la solution d'une troisième question : l'infériorité de la femme durera-t-elle toujours ?

Il est une vérité scientifique indiscutable : rien d'inutile ne subsiste, l'organisme évoluant sans répit pour le plus grand bien de l'espèce. Il suffit donc, pour répondre aux deux questions plus haut posées, de nous poser ces deux autres : l'inégalité des sexes a-t-elle toujours été utile ? le sera-t-elle toujours ?

Car, nous sommes certains d'une chose : si elle n'a pas toujours existé, et de même, dans l'avenir, si elle n'est plus nécessaire, l'inégalité des sexes disparaîtra. Cela ne fait pas l'ombre d'un doute.

Aussi haut que notre connaissance remonte dans le passé, toujours le type du couple humain, tel qu'il est à peu près encore aujourd'hui, nous apparaît : l'homme courageux, intelligent, robuste ; la femme plus faible, plus craintive, plus tendre et dévouée à l'homme, à l'enfant.

Mais les temps historiques sont courts, comparés à l'antiquité humaine, et les origines de l'homme et de toutes les espèces sont enveloppées de ténèbres. Cependant, le grand fait de l'Evolution, tel que nous le connaissons par Lamark, Darwin, Karl Vogh, Hœckel, ne serait qu'un vain mot, s'il ne nous permettait de pénétrer très avant sous ces mystérieux arcanes et d'assister pour ainsi dire à la genèse des espèces.

Il est hors de doute que les racines des diverses races d'hommes plongent au sein de l'animalité, et que celle-ci n'est que le développement lent et infiniment diversifié d'un ancêtre unique, remontant lui-même par une longue chaîne, dont les anneaux correspondent chacun à une espèce déterminée, à un simple organisme mono-cellulaire : *l'amibe*, ou même, plus loin encore, jusqu'à ces humbles masses sarcodiques dépourvues de noyaux décrites par Hœckel sous le nom de *monères*.

Par conséquent et bien évidemment, les diversités, les multiples qualités qui caractérisent les différentes espèces ne furent obtenues que peu à peu, sous l'influence des milieux, par la force de la nécessité, grâce à la sélection et à l'hérédité : c'est le trésor lentement amassé au cours des siècles.

L'inégalité des sexes, puissant moyen de conservation de l'espèce humaine, ne dut se produire elle aussi, cela est certain, que lorsqu'elle fut devenue indispensable, quand, attaqué par des ennemis nombreux, l'homme dut se réfugier aux cavernes ; laissant les jeunes à la garde de la mère, il développa ses muscles et son cerveau, contraint qu'il fut à lutter pour se défendre, à combiner des ruses pour attaquer ou fuir ses adversaires. Mais, avant que la bataille pour l'existence ne devint ardente, il dut s'écouler un temps fort long, de nombreux siècles de paix, lesquels précisément permirent à l'espèce humaine de se dégager de l'animalité, de monter jusqu'au sommet de l'échelle des êtres.

Et pendant cette période de calme, d'abondance, de sécurité, de bonheur complet, que l'on peut placer entre l'époque tertiaire et l'époque quaternaire, tout nous porte à croire qu'aucune différence autre que sexuelle n'existait entre l'homme (ou peut-être le précurseur de l'homme, nommé par les savants *anthropopithèque*) et sa compagne. En effet, à ce moment, *aucune différence n'était nécessaire*.

L'analogie avec les autres espèces d'animaux en est une des preuves ; aucune espèce, à l'origine, n'offre de différence entre le mâle et sa femelle ; s'il en survient, elles sont causées, cela est hors de doute, par la lutte pour l'existence et par la lutte pour l'amour.

Car, il serait erroné de le croire, l'élément mâle en tant que reproduction, n'est pas nécessairement supérieur à l'élément femelle. Au contraire, dans beaucoup d'espèces, la femelle est plus forte et plus grande que le mâle ; notamment, chez presque tous les insectes ; les abeilles, les araignées, les fourmis, très supérieures à leurs mâles, ne les tolèrent que pendant l'époque de la reproduction et les massacrent après.

C'est également chez les insectes que l'on trouve la parthénogénèse, c'est-à-dire la reproduction sans le secours des mâles, au moins pendant quelques générations. On la remarque aussi chez les mollusques, ainsi que l'hermaphrodisme ou réunion des deux sexes sur le même individu ; le premier fait implique la supériorité absolue de l'élément féminin et le second l'égalité complète des deux sexes.

Dans la classe des vertébrés, s'il y a rarement prédominance de la femelle, il y a du moins très souvent, presque toujours, égalité entre le mâle et la femelle. Chez les poissons, c'est la règle constante : nulle différence autre que génitale entre les sexes. Chez les oiseaux, chez les mammifères, il en est de même dans la plupart des cas — tous les rongueurs : rats, souris, écureuils, cobayes, et un grand nombre de carnivores : chiens, loups, chacals, hyènes, jaguars ; parmi les pachydermes : le cheval, le porc ; tous les marsupiaux et monotremes, ainsi que les cétacés, sauf dans les espèces où, soit pour défendre la mère et les petits, soit pour la conquête des femelles, le mâle dût *acquérir* des armes offensives et défensives ; les cornes du cerf, du taureau, d'un grand nombre de ruminants, la crinière du lion. Dans les espèces où la lutte pour l'amour est plus douce, — chez les oiseaux, par exemple — c'est par le chant que le mâle se distingue de la femelle ; il tâche aussi de la séduire par sa beauté, et il se revêt de couleurs brillantes, il se pare d'aigrettes, de huppes, de plumes ocellées. Mais ces armes, ces ornements, ces facultés ne purent être acquis que par une séculaire hérédité, et il est bien évident qu'à l'origine, l'égalité, la parité étaient la loi générale.

Quant à l'homme, il n'y a aucune raison pour qu'il fasse exception à cette règle ; au contraire, l'ordre des primates auquel il appartient — composé de cinq familles (division de P. Broca) : Hominiens, Anthropoïdes, Pithéciens, Cébiens, Lémuriens — ne nous offre aucune dissemblance entre le mâle et la femelle.

Il est donc plus que probable qu'à l'origine de l'espèce, l'homme et la femme étaient de force et d'intelligence égales ; Darwin croit même que l'un et l'autre avaient la face couverte d'une abondante toison. Habitant les grandes îles, vivant de fruits et de racines, ils devaient naturellement être de mœurs paisibles. Ils n'avaient que peu ou point d'ennemis ; c'est pourquoi ils purent se développer librement ; car, n'ayant pas de dangers à redouter, les grands anthropoïdes, leurs ancêtres avaient pu quitter les cîmes des hautes forêts natales et poser hardiment le pied sur le sol. Ils prirent l'habitude de se tenir debout et de marcher droits et tranquilles.

Il ressort donc jusqu'à l'évidence qu'une très longue période de paix (des milliers de siècles sans doute) fut indispensable pour permettre cette parfaite évolution et que, par conséquent, durant cette époque, nulle cause n'existait qui pût amener une différenciation entre les deux sexes.

Autre preuve certaine de cette paisible période, c'est que l'homme est nu, sans défense, sans armes naturelles, ni crocs, ni griffes, ni cuirs épais, les conditions si douces de la vie qu'il eut alors les lui rendant inutiles ; s'il avait eu, dès le début, des luttes à soutenir il n'aurait pu s'émanciper de l'animalité, il se serait développé sous le rapport physique comme les autres animaux.

Tout nous porte donc à croire que durant de longs siècles (époque pliocène) l'homme vécut heureux sur la terre paisible...

Elle était alors d'une incroyable fécondité, une végétation folle couvrait le sol, envahissait les eaux ; bien plus nombreux qu'aujourdhui, les lacs, les étangs, les fleuves, les rivières regorgeaient de mille sortes de poissons, de reptiles, de mollusques ; dans les prairies les grands mammifères (mammouths, mastodontes, cerfs gigantesques, cheveaux, hippopotames, rhinocéros) paissaient en troupes immenses. Sur les hauts plateaux de l'Asie et de l'Europe, berceau du genre humain, le climat était égal et doux; et l'homme sans peine, sans lutte, sans travail, y trouvait une nourriture surabondante et variée.

Ces conditions changèrent brusquement aux époques suivantes : des ennemis de l'homme surgirent, nombreux et terribles.

L'époque quaternaire vit apparaître les grands fauves : l'ours et le tigre des cavernes, celui-ci long de quatre mètres, le lion, la hyène, tout à coup pullulèrent. Dans la seule caverne de *Kirkdale* on trouva les restes de trois cents hyènes ayant vécu sur la place. Ces animaux attaquèrent l'homme qui se défendit. Il se réfugia au flanc des collines, dans les grottes d'accès difficile et laissant les petits à la garde des mères, il s'arma.

D'abord, sans doute, il prit la branche d'arbre ou la pierre. Mais pour chasser les rapaces carnassiers il fallait force et armes égales.

Leur brusque attaque ne lui permit de se développer ni en résistance, ni en agilité, ni de se pourvoir d'aucune défense naturelle, comme les autres animaux : ce fut son intelligence qui rapidement s'accrut et trouva des moyens de défense : il tailla la pierre en arêtes aiguës, la façonna en lances, en haches massives, en flèches légères.

***

L'idée de rattacher à l'invasion des grands fauves et la nécessité de la division du travail et le développement intellectuel de l'homme m'est personnelle ; aussi je ne l'expose que comme une simple hypothèse ; c'est pour moi la *cause inconnue* dont parla Wallace, le disciple de Darwin « cette cause qui vint, dit-il, accélérer le déve-

» loppement de l'intelligence de l'homme et le perfec-
» tionnement de cette faculté lui fut incomparablement
» plus utile que n'importe quelle modification orga-
» nique ». Dès lors la puissance modificatrice se porta
d ce côté; les caractères déjà acquis se conservèrent inal-
térés, tandis que l'intelligence allait se perfectionnant.

« Les animaux sur lesquels n'avait pas agi la *cause*
» *inconnue* qui commença à nous séparer d'eux, conti-
» nuèrent à se transformer morphologiquement, si bien
» que de l'époque miocène à nos jours la faune terrestre
» s'est renouvelée. Chez l'homme, seul, le corps resta
» ce qu'il était. »

Si mon hypothèse sur l'invasion des grands fauves
déterminant la division du travail humain, d'un côté la
garde, de l'autre la défense des jeunes, n'était pas admise, ma théorie n'en serait pas détruite pour cela;
nous rentrons alors dans l'explication de certains sociologues, entre autres Jules Lippert, qui attribuent non à
l'action rapide de l'invasion des bêtes féroces (qui ne
s'est pas présentée à leur pensée) mais à l'action lente
d'une modification dans les conditions alimentaires
nécessitant un changement de mode d'existence.

Lippert suppose que les hommes vivant primitivement de fruits et de coquillages se virent contraints, à la
suite d'années de disette, à recourir à la chasse; ils
passèrent ainsi de l'état d'animaux frugivores à l'état de
chasseurs inférieurs, état qui nécessite la division du travail, mais que ce soit l'un ou l'autre de ces motifs :
manque de la nourriture première ou attaque des bêtes
féroces, il n'en est pas moins certain qu'il y eut une
bifurcation dans les habitudes du couple humain :
l'homme courut à la défense ou à la chasse, la femme

veilla sur la progéniture. Si la cause est incertaine, l'effet est certain.

Du reste, ces deux causes peuvent avoir existées simultanément sur différents points; l'invasion des bêtes fauves ayant eu lieu principalement en Europe et sur les hauts plateaux de l'Asie; cette dernière cause nous donne en plus l'explication du développement de l'espèce humaine sous le rapport intellectuel.

En effet, l'intelligence de l'homme est pour lui son arme de défense, ce talisman précieux que chaque être, animal ou végétal possède, pour la conservation de son espèce et sans lequel il n'eut pu traverser les siècles au milieu des dangers de toutes sortes, et des difficultés incessantes à se nourrir, à s'unir, à se reproduire, à prolonger son existence. Or, l'action rapide d'une cause de destruction dût nécessiter l'action rapide d'un moyen de défense. Une modification dans l'organisme, même des plus simples, eut demandé un temps plus long pour se produire — temps pendant lequel l'espèce humaine eut risqué d'être anéantie — que cet éveil de l'intelligence qui permit à notre ancêtre de façonner lui-même l'arme qui devait défendre sa vie.

Quoiqu'il en soit quand l'homme fut armé de la pierre simplement taillée, il résista à ses ennemis.

La longue période appelée Palœolithique s'écoula encore.

Quelle différence pouvait s'être formée dès à ce moment entre l'homme et sa compagne?

Les rares ossements humains de cette époque, que

Mr de Mortillet n'hésite pas à faire remonter à deux millions trois cent mille ans, nous montrent, par les crânes aux fronts étroits et fuyants, aux arcades sourcilières proéminant au-dessus des orbites sous la forme de deux énormes bourrelets, que l'homme était alors plus voisin du singe que de l'homme actuel.

Mais un crâne ne suffit pas pour déterminer un sexe. Cependant il ressort clairement des faits que les crânes gigantesques des alluvions quaternaires — parmi lesquels se trouvaient indistinctement ceux des femmes, — nécessitaient pour être supportés, une ossature puissante de tout le squelette, et des muscles également forts. La femme des cavernes était donc bien éloignée du type frêle et élégant de la femme d'aujourd'hui.

Ce fut sans doute beaucoup plus tard, à l'époque néolithique ou de la pierre polie, qu'apparurent les premières traces de l'affaiblissement féminin.

Nous en avons la preuve dans le squelette de femme trouvé dans *l'abri sous roche de Cro-Magnon*. Ce squelette est plus petit que ceux des hommes et son crâne a perdu les caractères exagérés : bourrelets au-dessus des yeux, pommettes saillantes, très marqués encore chez ses compagnons.

En effet, contraintes à garder le foyer, les femmes virent par défaut d'exercice s'atténuer la force de leurs muscles, et, les familles les mieux gardées, les mieux nourries, les mieux soignées par la femme et bien défendues par l'homme, avaient eu des chances pour se reproduire et se reproduisant, transmirent à leurs descendants les qualités auxquelles elles devaient leur conservation. Ces descendants les accrurent encore, et les transmirent à leur tour. Ainsi s'expliquent non-seulement les différences physiques mais encore les différences morales des deux sexes.

Dans le cours des siècles, lorsque commença l'organisation rudimentaire des sociétés en hordes, puis en clans, puis en tribus — la différenciation entre l'homme et la femme alla s'accentuant, car l'homme trouva un avantage énorme à abuser de la faiblesse relative de la femme.

Il s'en fit un serviteur : il la surchargea des travaux domestiques et agricoles, se réservant uniquement la chasse et la guerre.

Et chasse et guerre par la force, l'adresse, l'endurance, l'agilité qu'elles demandent et développent, par la marche et l'exercice au grand air, suivi des longs repos qu'elles nécessitent, enfin par l'abondance des vivres qu'elles procurent, créent les conditions les meilleures pour la formation d'un corps robuste et sain tandis que les travaux excessifs, auxquels les femmes furent condamnées sur toute l'étendue de la terre, les arrêtèrent dans leur développement corporel, car ils n'étaient pas, ces travaux excessifs, suivi de repos réparateurs, ni compensés par une nourriture suffisante, les hommes pourvoyeurs de vivre s'en réservant la plus grosse part.

Dans d'autres temps plus rapprochés de nous, la vie sédentaire amena chez la femme une atrophie des muscles et une surabondance des tissus adipeux tout aussi défavorable au développement de sa force que le surmenage par le travail.

La précocité de la maternité contribua aussi à affaiblir la femme et par conséquent à accroître la divergence de force entre elle et l'homme; mais toutes ces causes augmentèrent aussi les qualités respectives de l'un et de l'autre sexe, et des milliers d'années la part de chacun ainsi faite, l'humanité crût et prospéra.

*
* *

Il est bon cependant de remarquer que la marche ascendante de l'humanité qui de la sauvagerie, puis de la barbarie, est montée vers la civilisation, n'a eu lieu que pour les races habitant le centre des continents, le sud de l'Asie et le nord de l'Afrique — les autres races humaines, vivant, soit dans les contrées hyperboréennes, soit dans le sud des continents — Afrique, Amérique — n'ont pas suivi le reste de l'humanité dans son ascension progressive. Cet attardement vient confirmer notre théorie. Pour les peuplades des régions torrides, la vie, si simple et si douce, n'a pas eu à les contraindre au combat pour l'existence ; par conséquent, elles n'ont pas eu besoin de se développer en intelligence ni de se différencier : elles n'ont même pas eu besoin de s'organiser en sociétés, ainsi que le constate Herbert Spencer.

Sous le climat glacial du Nord, une cause opposée a produit un résultat analogue : le trop de dureté de la vie a rendu tout progrès impossible. Et dans les unes et les autres de ces contrées si diverses les hommes et les femmes, d'une intelligence très rudimentaire tous deux, sont peu dissemblables de formes, de force et de stature. Les traits de leurs visages offrent la plus grande analogie, les hommes n'ayant généralement pas de barbe ; en revanche, les femmes sont hardies et courageuses ; qui ne se souvient des Amazones du Dahomey ? Ces faits sont reconnus de tous les anthropologistes.

Une dernière preuve de l'ancienne égalité des sexes

se trouve dans cette remarque, que les différences entre eux ne sont pas congénitales, mais ne se manifestent que vers l'époque de la puberté, et ont une tendance à cesser pour la femme aux environs de la ménopause. En effet une grande parité existe entre les enfants en bas âge, tandis que les vieilles femmes se masculinent un peu et que les vieillards deviennent craintifs et s'affaiblissent. La différenciation n'a donc son maximum d'intensité qu'aux seules époques de la vie où elle a eu sa raison d'être.

Mme Clémence Royer, à qui je soumis cette étude, me fit le grand honneur de l'approuver et de me communiquer la note suivante :

« Tous les mammifères, sans exception, proviennent d'ancêtres hermaphrodites à fécondation réciproque, chez lesquels tous les individus produisaient les petits et les allaitaient.

» Plus tard, quand les sexes se séparèrent, les mâles continuèrent plus ou moins longtemps de participer à l'allaitement des jeunes.

» La lactation semble même s'être continuée plus longtemps chez l'homme que chez les autres espèces, les glandes mammaires étant moins atrophiées chez lui que chez les autres mâles et, par exception, donnant encore parfois quelques gouttes de lait.

» A quelle époque se sont-elles atrophiées ? On n'a à ce sujet aucune donnée.

» Chez les races quaternaires, la différence de taille des sexes était certainement moins grande qu'aujourd'hui chez les deux sexes, et, encore, à l'époque de la pierre polie la différence de capacité crânienne entre les deux sexes était moindre que de nos jours.

» Les différences sexuelles se sont accentuées avec la civilisation, au point de vue psychique comme au point de vue physique. »

*
* *

J'ai répondu à la première question : « la femme est-elle l'égale de l'homme ?... » par la négative, avec preuves à l'appui, et à la seconde : « la femme a-t-elle toujours été inférieure à l'homme ? » en démontrant que seul le cours des siècles lui apporta l'inégalité, précieux avantage pour elle, pour l'homme, pour l'espèce.

Reste à élucider ma troisième demande : « la femme sera-t-elle éternellement inférieure à l'homme ? »

Si les causes de cette inégalité subsistent et persistent, si les conditions de la vie ne changent pas, si toujours l'homme est à la guerre, aux travaux durs et fatigants, si la force physique règne toujours, si la femme est toujours uniquement adonnée aux soins de ses enfants et de son intérieur, — alors, oui, la femme sera éternellement inférieure à l'homme par la force des choses, et ce sera pour son plus grand bien et pour celui de l'Humanité.

Mais si les conditions d'existence ne sont plus les mêmes, que se passera-t-il ?

La nature, nous le savons, ne fait rien d'inutile ; le jour où une différence est devenue nécessaire, elle a su la créer ; cette différence n'ayant plus sa raison d'être et devenant nuisible, elle la supprimera.

Il s'agit donc, simplement, de savoir si les circonstances ont changé. Cela, qui pourrait le nier ? La civilisation a transformé le monde. L'homme a soumis les trois règnes ; désormais, animaux, végétaux, minéraux sont à lui, toute la surface de la terre a senti son empire. Il n'a plus maintenant d'autre ennemi que lui-même, et la force individuelle a abdiqué ses droits.

Malheureusement, la société en se faisant, s'est mal faite... La force a abdiqué ses droits, c'est vrai, mais pas en faveur de la justice, simplement en faveur de l'argent. C'est l'argent, maintenant, qui gouverne, qui abuse, qui opprime ; c'est lui le maître impitoyable.

Sans ce métal stupide, point de salut ; car, s'il manque, c'est le travail pénible, incessant, ou bien la mendicité, le vol, la prostitution ou la mort. La force était brutale et terrible, mais du moins elle était puisée aux sources profondes de la nature. Tandis que l'argent, tout aussi odieux et destructeur, a quelque chose d'*antiphysique*. Quoi qu'il en soit, la force musculaire est déchue de son ancienne puissance ; elle n'est plus, pour un homme de nos jours, une condition de réussite. Au contraire, ce sont les métiers les moins considérés, les plus mal rétribués qui demandent encore l'emploi de la force ; pour un soldat même, l'adresse et l'agilité sont préférables. Et la force, n'ayant plus sa raison d'être, est une chose qui s'en va ;... elle diminue de siècle en siècle : nos plus forts cuirassiers seraient écrasés sous le poids des armures du Moyen-âge.

L'intelligence, au contraire, est de plus en plus nécessaire. Aussi, elle se développe ; le cerveau gagne en ampleur ce que perd le biceps. Mais seule, pourtant, elle est insuffisante ; il faut lui adjoindre l'argent, l'argent qui, seul, permet l'accroissement des facultés et des connaissances. Et sans lui, l'homme n'est plus, à notre époque, un protecteur efficace pour la femme ; parce qu'il ne s'agit plus de veiller à l'entrée de la caverne ou sur les remparts de la ville, pour guetter l'ennemi, le combattre, le chasser, il faut lutter pour le travail et pour l'argent, et la femme est devenue un objet de luxe dont l'homme souvent se prive ; s'il se l'accorde, il faut qu'elle apporte soit une dot, soit un salaire équivalent au sien.

L'homme ne peut donc se choisir librement une compagne.

Or, dans ces conditions, la supériorité physique et

intellectuelle de l'homme n'est-elle pas devenue un désavantage pour la femme et même pour l'homme?

Oui, certainement, puisque cette supériorité n'a plus aucun but, ne pouvant suffire à subvenir aux besoins de la famille, qui éprouve même de la difficulté à se créer.

D'un autre côté, les qualités différentes de la femme, son dévouement maternel, son infatigable vigilance, sa tendresse infinie pour sa famille, pour ses enfants à quoi lui serviront-elles, si elle n'a pas de famille, si elle n'a pas d'enfants? Ces qualités admirables deviennent donc secondaires; avant d'aimer sa famille, il faut pouvoir se créer une famille. Et précisément, voilà le difficile: sans argent, point de mari; ou s'il s'en trouve, les salaires étant insuffisants, c'est la misère à deux, à plusieurs; par conséquent, mortalité infantile, scrofule, anémie, rachitisme, phtisie ou réduction volontaire du nombre des enfants.

Or, c'est une des lois imprescriptibles de l'évolution: lorsqu'une espèce se trouve placée dans des conditions qui lui nuisent, en gênant soit sa nutrition, soit sa reproduction, à plus forte raison l'une et l'autre, comme c'est le cas, il faut qu'elle périsse ou qu'elle se transforme. Un changement se fait dans les organes, quelquefois dans l'individu tout entier, et l'espèce s'adapte à ce nouveau milieu, à moins qu'elle ne succombe.

L'espèce humaine, soumise à des conditions terribles, est dans une de ces périodes de transformation.

Il n'y a plus équilibre harmonieux entre les deux sexes; ils ne sont plus à même de se rendre les services qui ont aidé si puissamment à la suprématie de l'espèce.

L'homme souffre et ne peut plus protéger la femme;

les qualités féminines ne trouvent plus leur emploi. La femme, maintenant, a besoin d'une force et d'une intelligence égales à celles de l'homme. C'est une question vitale pour elle, par conséquent pour l'humanité. Elle en a besoin, disons-nous, et **l'organe répondant toujours à la fonction,** ses muscles vont se développer, son cerveau s'épanouir, et cette force et cette intelligence, elle va les acquérir.

L'égalité des sexes se prépare. La femme est inférieure à l'homme, constatai-je au début. Cela est vrai encore pour quelque temps. Mais, à dessein, je négligeais de signaler un éveil bien manifeste des énergies et des mentalités féminines, une sorte d'éclosion lente, mais continue, et qui peut s'accélérer tout à coup, de forces insoupçonnées et d'intellectualités nouvelles!

Ce mouvement ascendant, c'est l'évolution, qui tend à rétablir l'égalité harmonieuse. C'est une fatalité devant laquelle l'homme, qui n'a pas compris, se débattra en vain. Et elle viendra, cette égalité, non avec l'impétuosité d'un cataclysme, mais avec la force douce, quoique inexorable, d'une loi physique. Les feuilles tombent à l'automne, les neiges fondent au printemps; qui songerait à empêcher cette chute, à retarder ce dégel? Il n'y a rien à faire qu'à laisser faire : les antiféministes pourront se récrier et se dresser en obstacles, ils seront emportés comme un brin de paille par la crue d'un fleuve. Ni paroles, ni actes ne changeront rien aux décrets imprescriptibles de la nature.

Et ce résultat n'étonnera que ceux qui ne sont pas familiarisés avec les sciences naturelles; car, la loi de l'évolution n'a rien de mystérieux: elle agit pour ainsi dire mécaniquement, qu'il s'agisse de l'espèce humaine ou de n'importe quelle espèce animale ou végétale, et ce mécanisme est bien simple.

Dans le cas qui nous occupe, les mauvaises conditions nuisant au développement de l'espèce, la gênant dans sa nutrition et sa reproduction, sont nombreuses et connues : c'est le régime capitaliste qui, par son étrange répartition des richesses, trop à quelques-uns, rien au plus grand nombre, les a toutes engendrées.

Étant données ces conditions défectueuses, l'homme ne peut plus exercer le rôle de protecteur et de maître qui lui est si cher ; il a beau s'obstiner à vouloir reléguer la femme au foyer, pour reléguer la femme au foyer, il faut d'abord un foyer.

Or, peut-on appeler de ce nom le bouge sordide dans lequel croupissent les trois quarts de la population. On compte à Paris, chiffre officiel, 25 à 30 mille familles de 5 à 7 personnes qui n'ont qu'une seule pièce et qu'un seul lit. Je ne donnerai pas non plus ce nom idéal de foyer, évocateur de lumière, d'union, de joie, aux deux cent mille maisons sans fenêtres, bâties sur le sol de France.

Donc, l'homme, n'ayant plus de foyer à offrir à sa compagne et plus de pain à donner à ses enfants, ne peut s'unir, qu'à une femme susceptible de l'aider à former ce foyer, à gagner ce pain ; et cette nécessité ira croissant sous la poussée toujours plus rude du capitalisme.

Donc, la femme mieux douée que les autres, mieux apte au gain de la vie, soit par la vigueur de ses muscles, l'habileté de ses doigts ou l'ampleur de son intelligence, sera préférée aux débiles, aux paresseuses, aux ignorantes, aux simples d'esprit.

Voilà le premier engrenage du mécanisme : la sélection; les filles des femmes choisies pour leurs qualités hériteront immanquablement de ces qualités, force, santé, courage, intellectualité, et voilà la seconde partie du mécanisme: l'hérédité.

Prenez donc ces deux grands moteurs de tout progrès: sélection, hérédité; combinez-les ensemble, multipliez-les l'un par autre. Supposez que ce mécanisme fonctionne pendant quelques générations, et voyez s'il restera grand chose d'une supériorité masculine qui n'aura plus *aucune raison d'être*.

L'homme, dans son aveuglement stupide, se plaindra. Il se plaint déjà: par une basse envie, il s'oppose à l'égalité des salaires. Il n'aperçoit pas un résultat bien clair, c'est que le salaire de la femme doublera le sien, puisque la communauté en profitera, tandis que le salaire inférieur est autant de moins pour lui. Mais une force plus persuasive que la raison — l'intérêt — lui ouvrira les yeux, et il ne tardera pas à reconnaître que la lutte est circonscrite, non entre les sexes, mais entre les esprits.

L'être humain, quel qu'il soit, pourvu qu'il ait des aptitudes élevées, aura chance de parvenir; les travaux vulgaires ne manqueront pas aux gens vulgaires, qu'ils appartiennent à l'un ou à l'autre sexe.

La lutte est déjà engagée: de tous côtés, sous la poussée des nécessités économiques, la femme s'avance. Quittant le gynécée elle est devenue un des facteurs importants dans la production industrielle ou agricole.

Bebel énumère quatre-vingt sept industries où elle est employée; la terre de France est cultivée par les bras de deux millions sept cent mille travailleuses; la part de la femme est presque égale à celle de l'homme, dans l'enseignement primaire et secondaire, dans les arts, dans les sciences; au barreau elle a su se préparer des places qu'il ne tient qu'à elle d'occuper; elle est journaliste, romancier, auteur dramatique; en Amérique elle est notaire, architecte, juge de paix, procureur de la République, et dans certaines églises elle est pasteur.

* *

Il est impossible de ne pas reconnaître les symptômes d'une transformation radicale de l'humanité.

Si la vieille société s'apprête à « faire peau neuve », ce qui est hors de doute pour les esprits clairvoyants, n'apparaît-il pas à beaucoup de ces mêmes esprits qu'une transformation encore plus profonde se prépare au sein de l'humanité ? Un fait évident s'impose à nous; un fait simple et brutal, celui-ci : la femme veut vivre et demande à vivre, elle a faim comme l'homme et veut manger comme lui. Cette nécessité aura pour conséquence soit une diminution de la production humaine : rareté des naissances, augmentation des morts, c'est-à-dire dépopulation, — mal dont nous souffrons déjà — soit une meilleure adaptation de l'être humain au milieu défavorable et dans ce sens aussi un progrès peut se constater.

Ce progrès n'est pas assez fort pour enrayer la dépopulation menaçante mais il se dessine déjà. Dans la nature les possibilités alimentaires déterminent les conditions biologiques et par un ricochet très compréhensible les conditions biologiques favorisent les possibilités alimentaires; un animal quel qu'il soit — et les sociologues ont le tort d'oublier un peu trop que l'homme est un animal et que la complexité abstraite des institutions sociales repose sur un fond zoologique — un animal quelqu'il soit, dis-je, est toujours contraint pour trouver sa subsistance à s'adapter au milieu ou il peut la rencontrer. Cette adaptation ne se fait que lentement : des myriades d'individus de l'espèce en adaptation périssent, il y a donc dépopulation, les survivants se transforment quelquefois et sauvent l'espèce.

L'humanité va, il semble, se transformer elle aussi et entrer dans une phase nouvelle. De grands changements physiques, moraux, intellectuels, vont survenir.

Le corps est éminemment plastique. Le renforcement de quelques os, de quelques muscles, n'est rien pour la nature si on le compare aux modifications profondes qu'elle sait faire subir aux organes, lorsque la nécessité s'en impose. Des expériences toutes récentes l'ont démontré d'une manière péremptoire. En quelques générations des animaux, rats, lézards, araignées, élevés dans les catacombes du Jardin des Plantes de Paris ont perdu leurs yeux devenus inutiles dans cette obscurité et ont acquis une courte trompe, pour palper autour d'eux, saisir leur proie dans l'ombre.

Ainsi ces animaux de trois ordres différents, mammifères, reptiles, insectes, sont arrivés sous l'influence des mêmes circonstances, à se munir d'un organe semblable. On peut donc ériger en principe ceci : à besoin semblable, organe semblable. « La loi de la nature, dit Moleschott, est l'expression de la plus rigoureuse nécessité. »

Il n'y a aucune raison de croire que l'espèce humaine échappe à cette règle. Et nombreux sont les progrès en ce sens : les danseuses, les chanteuses, les pianistes n'offrent-elles pas autant de force et d'agilité dans leurs jambes, leur gosier et leurs doigts que les danseurs, chanteurs et pianistes?

Instruction artistique semblable, même travail régulier ont suffi pour ce résultat.

D'un autre côté, la force de l'homme, de moins en moins nécessaire à cause du machinisme qui demande peu d'efforts, est déjà entré en régression et sera avant peu au niveau de celle de la femme. Ainsi l'homme et la femme, cela n'est pas douteux, ne tarderont pas, quelques générations suffiront, à se rejoindre dans un isomorphisme presque complet.

C'est surtout sur le cerveau que les effets les plus puissants, nécessités par cette terrible lutte pour la vie, si meurtrière et si féconde, pourront être obtenus.

Le cerveau est, en effet, aussi perfectible que tout autre organe, plus peut-être, grâce à la délicatesse infinie des ramilles des neurones car les études histologiques ont prouvé que la cellule pyramidale est le siège d'une complication progressive due à l'allongement de ses rameaux et à la naissance de nouveaux prolongements.

D'après M. Félix Le Dantec, la complexité de la cellule pyramidale est acquise seulement dans l'âge adulte et d'une manière variable, *probablement* avec la gymnastique cérébrale.

« La multiplicité des ramilles terminales et collatérales dans la substance grise déterminerait, dit-il, grâce à une *éducation mentale savamment dirigée*, de nouvelles connexions intercellulaires, elle favoriserait ainsi le groupement de plus nombreux éléments en vastes associations, capables d'un travail puissant et rapide. »

Cette gymnastique cérébrale, cette éducation mentale savamment dirigée et, moins que cela, la même nécessité qui arma l'homme du silex taillé en pointe, suffiront à douer la femme du cerveau complexe et robuste dont *elle a besoin*.

Et, il est à croire que, moralement aussi, la femme va subir une complète transformation. Elle va perdre sa futilité, sa coquetterie, sa ruse, sa fausseté, sa perfidie, toutes ces qualités d'esclave qui lui servaient, et bien utilement, c'est certain, contre l'homme, son maître. Elle les rejettera désormais, comme des armes d'un autre âge, encombrantes et rouillées. Elle va les remplacer à l'avenir par la franchise, la loyauté, la simplicité, le courage, de meilleure défense ; et ces qualités précieuses, transmises à ses descendants, s'amplifieront, se perfectionneront magnifiquement, créeront une nouvelle humanité, aussi supérieure à la nôtre que nous le sommes à l'humanité préhistorique : elles créeront la **surhumanité**.

CHAPITRE II

L'Evolution sociale de la Femme

La conséquence immédiate et forcée de l'évolution physique de la femme, est son évolution sociale.

Pour déterminer le cycle de cette évolution, il faut rechercher la part plus ou moins grande de droits qui fut dévolue à la femme, les conditions plus ou moins dures qu'on lui imposa, enfin le rôle qu'elle joua dans la tragédie du monde.

Avant de parler des droits de la femme, il convient de définir le terme même de droit.

Avec le temps, les mots les plus clairs, les plus précis s'altèrent, se dénaturent; ils évoluent eux aussi; leur signification glisse insensiblement vers une autre signification, et ce qu'ils exprimaient primitivement finit par désigner une chose analogue ou différente, ou bien encore tout sens s'efface, ils perdent toute signification. Ils sont comme ces vieilles monnaies qui, à force de rouler de main en main, s'usent si complètement que légende, effigie, millésime se sont fondus en une surface polie : le doigt ne sent plus le moindre relief; l'œil ne distingue que le métal.

Le mot « droit » ne s'est pas usé au point de perdre son sens, mais il a été détourné de sa signification première qui est simplement celle-ci: « Faculté de faire un acte, de jouir d'une chose, d'en disposer, ou d'exiger quelque chose d'une autre personne. » A ce sens primitif, on ajoute je ne sais quelle grande, quelle auguste idée. Attester son droit, réclamer ses droits, est fier et courageux, certes, et cette fierté et ce courage ont rejailli sur le mot, l'ont rehaussé, lui ont donné un noble éclat qu'il n'avait pas en propre, car la faculté de faire un acte, de jouir ou de disposer d'une chose ou d'exiger quelque chose d'une autre personne, peut être utile ou agréable, mais n'a rien en somme de particulièrement admirable.

Cependant cet ennoblissement d'une chose fort ordinaire en soi, va si loin, qu'on en a fait remonter l'origine jusqu'à Dieu.

Le pouvoir royal, celui des nobles, des prêtres, des juges se disaient émanés de Dieu; toute l'antiquité, tout le moyen-âge ont eu la persuasion de l'origine divine des droits.

Cette opinion n'est pas encore aujourd'hui complètement tombée en discrédit.

Quelques-uns, sans attribuer au droit une origine divine, le font remonter aux âges prétendus héroïques de l'humanité, on ne sait quel âge d'or perdu dans les brumes du passé et dont la science ne découvre pas la moindre trace, tandis qu'elle affirme au contraire que l'humanité sort de la bestialité et que, plus nous nous enfonçons dans la nuit des siècles, plus le type humain se rapproche des grands singes anthropoïdes. Nos ancêtres, qui vivaient au temps où l'on place l'âge d'or, n'offraient sans doute que peu de différences avec ces animaux : ils ne devaient pas avoir la plus rudimentaire notion de justice.

Mais si le droit n'est pas une faculté spéciale accordée par Dieu, s'il ne vient pas traditionnellement d'un temps miraculeux où règnait la justice, d'où vient-il donc ?

Un peu de réflexion amènera cette simple découverte : le droit vient de la force.

Certes, il est courant de parler du droit du plus fort, de s'incliner devant la force, de reconnaître que la force prime le droit. A chaque instant dans l'histoire, dans la nature, dans la société, dans la famille, on se heurte à ce droit du plus fort : on le constate, on s'en plaint, on en souffre, on en meurt. Nous n'aurions donc pas à parler de ce droit formidable s'il ne convenait d'y ajouter ceci : il n'y en a point d'autres ; tous les droits, pris un à un, sont le droit du plus fort.

Cette assertion est contraire à l'opinion générale. Pour elle, le droit vient de la justice. Elle va même jusqu'à confondre droit et justice, jusqu'à en faire des synonymes, par une de ces altérations du sens des mots dont il vient d'être question.

C'est une séculaire erreur, car admettre que la justice établit le droit, c'est admettre que la justice a existé au commencement des sociétés, chez les hommes-brutes des temps préhistoriques ; mais admettre cela, c'est admettre l'impossible. Ces êtres primitifs ne pouvaient avoir la plus élémentaire idée de justice, parce que la justice n'est pas primordiale, spontanée ; elle est trop grande et trop belle, elle est tard venue dans l'humanité : elle est la fleur de la plus haute culture morale.

Montaigne et Pascal paraissent l'un et l'autre avoir été effleurés de cette idée ; le droit est né de la force. Ils ne l'ont exprimée qu'à demi.

Montaigne dit des lois : « Or les lois se maintiennent » en crédit, non parce qu'elles sont justes, mais parce

» qu'elles sont *lois*, c'est le fondement mystique de leur
» autorité, elles n'en ont point d'autre, qui bien leur
» sert. Elles sont souvent faites par des sots, plus sou-
» vent par des gens qui, en haine d'égalité, ont faute
» d'équité, mais toujours *par des hommes*, auteurs vains et
» irrésolus. »

Montaigne ne croit donc pas à la justice des lois, pas plus qu'à leur origine divine ; il les croit faites par « des hommes auteurs vains et irrésolus : » un mot de plus et il eût dit que la force seule les a établies.

Pascal, lui, l'insinue presque, pas en propres termes cependant. « Si on avait *pu*, dit-il, on aurait mis la force
» entre les mains de la justice ; mais comme la force ne
» se laisse pas manier comme on veut, parce que c'est
» une qualité palpable, au lieu que la justice est une
» qualité spirituelle dont on dispose comme on veut,
» on a mis la justice entre les mains de la force et ainsi
» on appelle justice ce qu'il est force d'observer. »

Cela est admirablement vrai, on appelle Justice ce qu'il est force d'observer ; — mais Pascal se trompe lorsqu'il dit : « si on avait *pu*, on aurait mis la force entre les mains de la justice »; il ne s'agissait pas de pouvoir, mais de savoir, d'avoir la conscience, la notion claire de la Justice ; — or cette notion, dans ces sociétés à demi bestiales, ne pouvait se produire ; les cerveaux rudimentaires n'étaient pas à même de la concevoir, ni de la recevoir, ouverts qu'ils étaient aux seules impulsions des appétits charnels, aux passions grossières de la brute.

L'idée de justice n'aurait pu transpercer de sa pure lumière ces fronts opaques, si elle avait existé à cette époque lointaine, mais il a fallu des siècles et des siècles pour qu'elle soit conçue, qu'elle se formule, qu'elle se réalise quelque peu; il en faudra beaucoup d'autres, pour que son règne nous arrive et qu'elle tienne à son tour la force entre ses mains.

Prouvons par quelques exemples que tout droit est né de la force. Prenons un des droits les plus anciens et des plus respectés : le droit de propriété. Quelle en est l'origine? Les avis sont très partagés. Pothier, le célèbre jurisconsulte français, semble croire que la propriété, comme la royauté, est de droit divin; « Dieu, dit-il, a le » souverain domaine de l'Univers et de toutes les cho-
» ses qu'il renferme. »

Cousin soutenait que « l'activité libre est le principe » du droit de propriété reposant sur l'occupation et le » travail. » Montesquieu, dans son *Esprit des lois*, déclare qu'à ses yeux, la propriété est un ouvrage de la société et une émanation du droit civil. Mirabeau proclame le même principe. « Une propriété particulière, dit-il, est un bien acquis en vertu des lois. »

Pour M. Thiers, chez tous les peuples on trouve la propriété comme un fait d'abord et puis comme une idée, « idée plus ou moins claire suivant le degré de » civilisation auquel ils sont parvenus, mais toujours » invariablement arrêtée. »

Toute cette phraséologie n'est-elle pas bien obscure? Nous apporte-t-elle un seul argument convaincant? Où est le fait positif certifiant la vérité de ce qui est avancé?

N'est-il pas à la fois plus simple, plus logique et très certainement plus vrai de dire : la propriété est la prise en possession du sol par les plus forts. Depuis que la terre est terre, ils s'y maintiennent jusqu'à ce qu'ils en soient chassés par de nouveaux venus, plus nombreux ou plus robustes.

L'histoire tout entière n'est que la toujours renaissante répétition de cet unique fait. L'histoire de Rome, par exemple, ne fut, pendant dix siècles, qu'une lutte entre les patriciens, premiers possesseurs du sol, et les plébéiens qui en voulaient leur part. Ces derniers, pauvres, rongés par l'usure, pressurés par leurs créanciers qui avaient le *droit* de les vendre, eux, leurs femmes et leurs enfants, voient leurs plus justes revendications se briser contre la dureté du sénat et des patriciens. Ils se révoltent, ils s'arment, ils se retirent sur le mont Sacré et le mont Aventin, ils menacent; leur nombre les rend redoutables, et, par la crainte, par la *force*, ils arrachent enfin quelques concessions : la création des tribuns, la loi des douze tables; — mais ce qu'on leur accorde ainsi est bientôt repris par une force supérieure. Et le seul moyen trouvé par le sénat, pour échapper aux éternelles récriminations des plébéiens, est d'aller porter au loin, tour à tour, chez tous les peuples, le droit de la force la plus systématiquement organisée qui fût jamais.

Et non seulement à Rome, mais en tout lieu, dans les cinq parties du monde, depuis les siècles les plus oubliés jusqu'à la minute présente, l'on voit partout et toujours cette chose fatale, inéluctable : la force créant le droit. Par elle, toutes les guerres, toutes les usurpations, ont toujours de très bonne foi été excusées, légitimées, glorifiées.

Que ce soient les Romains conquérant le monde, pour accomplir l'antique prédiction; les Huns, les Wisigoths, les Celtes se déversant sur l'empire romain et le disloquant — que ce soient les luttes fratricides des petites provinces, des villes, des bourgades entre elles — ou le grand flot des croisades se portant à six reprises différentes vers Constantinople et la Palestine, — les ravages des Espagnols exterminant des races entières dans le nouveau monde, — l'aigle napoléonnienne ivre de sang et de gloire, s'abattant de charnier en charnier, ou bien encore l'expansion britannique conquérant la France, ou le Japon heurtant la Russie, la cause est la même : c'est la force qui jaillit de limites devenues trop étroites, c'est la force s'emparant du monde et s'y implantant sous le nom de droit. Et, sur le sol imbibé de sang, le droit se maintient jusqu'au jour où une nouvelle force attaque la première, est repoussée ou la supplante. Dans le premier cas, on appelle cette nouvelle force invasion, spoliation; dans le second cas, on l'appelle, à son tour, droit. Et la conquête est toujours auréolée de gloire, et la propriété, cependant directe émanation d'elle, s'environne de je ne sais quel prestige qui la rend vénérable et sacrée même à ceux qui, de leur vie, n'ont fait que longer ses murs !

Un autre droit entouré de tant de séculaires respects qu'il faut un certain courage pour le signaler — c'est l'autorité paternelle. « Honorez votre père, obéissez à vos parents, » sont des préceptes inscrits sur les tables de toutes les lois. Bravons la majesté des mots, remontons à la source de l'autorité paternelle, et nous reconnaîtrons que ce droit, — l'un des plus redoutables car il se dissimule dans l'ombre — des demeures, vient aussi de la force.

Dans tous les pays, il n'y a pas d'exception, le père a eu droit de vie et de mort sur ses enfants... N'invoquez pas le prêtre, n'invoquez pas le législateur, n'invoquez pas non plus les sentiments réciproques de protection et d'obéissance de père à enfant; bien avant qu'il y eût des religions, bien avant qu'il y eût une loi, bien avant qu'il y eût une âme pour éprouver l'amour et la reconnaissance, il y eut un mâle pour maintenir dans la soumission ses enfants plus faibles que lui !

Ce ne fut que plus tard, dans un autre état de civilisation, que prêtres, législateurs, moralistes sanctionnèrent et sanctifièrent ce droit brutal du plus fort, sous le nom de puissance paternelle.

On pourrait objecter que ce respect des pères par les enfants n'est pas universel, et il devrait l'être, s'il était né du droit du plus fort. N'y a-t-il pas, en effet, de nombreuses tribus sauvages dans lesquelles les enfants mangent le père devenu vieux, ou le pendent aux arbres, ou l'enterrent vivant ? Cette objection vient à l'appui de mon idée : elle montre l'homme asservissant l'enfant tant qu'il a la force, car, dans ces mêmes peuplades, le père est maître absolu de la vie et de la liberté de ses enfants, mais lorsqu'avec la jeunesse s'en va la force, ses enfants, à leur tour maîtres par la force, le lui font sentir.

Voilà est un bel exemple de la force érigée en droit.

On peut dire cependant qu'il existe des droits restrictifs de la force, des droits de défense des faibles, des veuves, des orphelins... Erreur, apparence vaine ! Il est des droits de défense de *certains* faibles, c'est vrai ; mais c'est la Force qui les a institués et dans l'unique but de se défendre, elle, la Force.

Je prends comme exemple les droits protecteurs des orphelins, tutelle, émancipation, curatelle (1). Ces

---

(1) En certains pays ces droits mêmes n'existent pas, par exemple en Danemark. Les petits fils dont le père était mort se voyaient sou-

droits n'existent, en effet, que pour sauvegarder le patrimoine des orphelins ; mais ils ne sont pas faibles, ces orphelins, ils sont riches, ils ont la force que donne la richesse ; ils sont entourés et protégés par toute leur parenté, leur groupe familial, si la société est patriarcale; par leur caste, si la société est hiérarchisée. Dans les deux cas, les mâles de leur famille ou de leur caste s'unissent pour assurer la transmission régulière des héritages, car ils ont intérêt à ce que leurs biens passent ainsi sans secousse dans les mains de leurs propres enfants. En somme, ces droits de protection, tutelle, curatelle et autres, paraissent avoir été, à l'origine des sociétés, une sorte d'assurance mutuelle tacite des riches ou des forts entre eux (1).

Si on prenait ainsi un à un tous les droits, si on les disséquait, si on les décharnait, toujours, dans tous, sans exception, on trouverait le squelette puissant de la Force.

Le temps n'apporte à cette loi que des changements apparents : le droit naît de la force. La majorité qui nous gouverne n'est pas, comme on se plaît à le dire, représentative de la raison, non, elle représente la force, — et, comme telle, elle s'impose à la minorité, qui cède par pure nécessité.

Inutile de pousser plus avant ces recherches, déjà trop longues. Elles étaient cependant nécessaires pour nous

---

vent frustrés par leurs oncles, c'est-à-dire qu'ils n'héritaient pas de leur grand-père.

(1) Monsieur Paul Violet voit dans le point de départ de la tutelle l'intérêt du tuteur : « Chez les Francs, dit-il, la tutelle primitive se laisse deviner dans toute sa crudité native; évidemment le tuteur ou mieux le *mainbour* est souvent le loup qui dévore la brebis; il jouit des revenus du pupille, quand il ne s'empare pas de sa fortune.

permettre d'établir la proposition suivante : **tout droit naît de la force ; la femme, privée de force, est privée de droit.**

Cependant quelques fluctuations peu accentuées de la condition de la femme, constituant son évolution sociale, s'étant produites dans le cours du temps, nous allons les suivre et en rechercher les causes. Ces causes, si notre proposition est juste, doivent être d'un seul ordre.

* *

A l'origine de l'espèce humaine, une égalité absolue de force, de stature, de formes même devait exister entre l'homme et la femme.

A ce moment là, *sans nul doute*, les forces étant égales, les droits étaient égaux. Le droit de la plus forte vaut le droit du plus fort.

La lionne, la tigresse, l'ourse et la louve sont libres et fières comme le lion, le tigre, l'ours et le loup ; elles ne cherchent pas à dominer, pas plus qu'elles n'accepteraient de domination.

La femme des temps préhistoriques a dû, comme ces nobles bêtes, connaître la joie de la force et le tranquille orgueil de la liberté.

Malheureusement, sous l'empire des circonstances, cette force peu à peu diminua chez la femme, contrainte qu'elle fut à s'immobiliser pour la garde des enfants, tandis que l'homme luttait au dehors pour les défendre.

N'était-ce pas déjà, pourrait-on objecter, une moindre force qui détermina cette première division du travail de la défense ?

Non, car quelle cause aurait pu, avant cette époque de l'invasion des bêtes féroces, dont nous avons parlé dans le chapitre précédent, provoquer une inégalité dans la vigueur de la race humaine ? Nous avons déjà vu qu'il y a égalité de force à l'origine dans les couples d'animaux. Ce qui décida, selon moi, cette inégale répartition de force fut :

Premièrement : l'enfance longue et débile de l'homme qui immobilisa la mère pendant des années pour allaiter ses enfants, les porter dans ses bras, veiller sur eux à toute seconde.

Deuxièmement : la marche debout, la station droite, que seule la race humaine a acquise, probablement pendant la longue période de paix qui précéda l'invasion des bêtes fauves, où aucun danger n'étant à craindre, l'homme n'avait pas à utiliser ses quatre membres pour la fuite, comme les autres animaux. Mais lorsque le péril survint, cette attitude rendit peut-être la femme craintive pendant ses grossesses, tandis que les femelles des autres mammifères dont le ventre est protégé par le dos et les quatre membres, combattent sans peur auprès de leurs mâles. Ce ne fut donc pas une moindre force qui présida à ce choix, mais ce choix qui amena une moindre force, — parce que d'un côté des habitudes sédentaires, un manque d'exercices déterminant chez la femme une décroissance, et de l'autre des exercices violents, au grand air, suivis de longs repos, donnant à l'homme une augmentation de force, il dut en résulter, après quelques générations, un déséquilibre dynamique considérable entre les deux sexes et, comme conséquence, si nous avions des documents certains sur ces époques préhistoriques, on pourrait voir, comme dans une balance fatale, descendre la force de la femme et monter le droit de l'homme.

A défaut de preuves palpables, le seul raisonnement nous donne cette certitude.

En effet, lorsque deux forces égales se rencontrent, elles se font équilibre et, par conséquent, elles se neutralisent. Si ces forces sont variables en grandeur, celle qui augmente annule celle qui diminue et, ne trouvant plus d'obstacle devant elle, elle se répand dans le sens de la moindre résistance.

Telle est la loi physique et l'on peut ajouter physiologique et sociologique, car il n'y a pas simple comparaison, mais identité complète... Le monde inorganique, le monde organique, et le monde social sont régis par les mêmes lois ; que les forces qui se rencontrent, animent des masses solides, liquides ou des courants électriques, des corps vivants individualisés ou de grands organismes complexes comme les sociétés, suivant qu'elles sont égales en puissance ou variables en grandeur, le résultat à prévoir est le même pour toutes et peut se traduire par une équation. Les forces de l'homme et de la femme n'échappent pas à cette règle : tant qu'elles sont égales, elles se contrebalancent, sitôt que l'une diminue, l'autre l'emporte.

C'est inévitable et absolu.

Il arrive aussi que les deux forces, quoique inégales, restent parallèles, — quand les intérêts sont exactement les mêmes par exemple, — alors il n'y a pas choc et les forces ne s'opposant pas l'une à l'autre peuvent subsister paisiblement. Ce dernier cas est assez rare, les intérêts d'ailleurs ne tardent pas à diverger et les forces, quittant leurs lignes parallèles, tombent l'une sur l'autre, se heurtent, et la plus grande détruit la moindre.

Nous pouvons donc poser ce second principe :

A mesure que la force féminine décroît, le droit masculin s'accroît.

*
* *

Le premier droit que l'homme s'arrogea sur la femme, sitôt que la faiblesse de celle-ci le rendit possible, fut le droit de propriété. La femme joint l'utile à l'agréable, elle est chair à plaisir et bête de somme, double motif pour l'homme de s'assurer la possession d'une ou de plusieurs femmes qui, tout en remplissant leurs fonctions de femelles, lui seront d'indispensables servantes.

Le droit de propriété de la femme par l'homme a reçu le nom de *mariage*.

Dans les temps préhistoriques et même dans les périodes plus rapprochées de nous, ainsi qu'actuellement chez les peuples sauvages d'Afrique, d'Océanie, du nord de l'Asie et de l'Amérique, l'union temporaire ou perpétuelle de l'homme et de la femme, et quelques liens plus ou moins étroits de plusieurs familles entre elles, constituaient tout l'état social.

Nul droit collectif ne venait contrebalancer le droit de l'homme, et le mariage était pour la femme, plus absolument encore qu'aujourd'hui, une question de vie paisible ou de misère et de malheur sans nom.

Examinons donc ce qu'était le mariage à l'origine des races, ce qu'il est encore chez tant de peuples sauvages ou barbares, peuples qui nous représentent l'image exacte des races aryenne et jaune il y a quelques mille ans et nous verrons, du même coup d'œil, la condition sociale de la femme.

La plupart des sociologues, Herbert Spencer, Bachofen, Sir John Lubbock, Henri Morgan, Paul Lacombe, entr'autres, admettent qu'avant l'union régulière, perpétuelle ou à temps, entre l'homme et la femme, existait un état de promiscuité absolue, c'est-à-dire que toutes étaient à tous.

Les preuves qu'ils en donnent ne me paraissent point convaincantes.

Elles sont d'un seul ordre : la promiscuité existe chez plusieurs peuplades sauvages, quelques anciens peuples civilisés avaient conservé certaines coutumes qui la remémoraient, par exemple à Babylone, la fête des Sokaïes redonnait un règne de cinq jours par an à la promiscuité, abolie en temps ordinaire.

Mais ces faits de promiscuité anciens ou modernes sont très rares. Ainsi, on ne peut guère citer que les Tchours de l'Ouadaï, les tribus montagnardes de Maduras, les Kamilaroï d'Australie divisés en deux clans: Ipaï et Muri, les femmes Ipaï pouvaient épouser tous les Muri. A Tombouaï, (Océanie), les femmes étaient presque communes; enfin les femmes Hadyahs de l'Amérique du Nord cohabitent avec tous les hommes de la tribu.

Quant à la promiscuité ancienne, elle est tout aussi rare. Letourneau a soigneusement relevé tous les passages des auteurs anciens concernant la promiscuité. Il cite Strabon, parlant de la Troglodytique, de l'Arabie heureuse, de l'île de Ierne (Irlande), Hérodote faisant allusion à ce sujet aux mœurs des Scythes, des Taniels, et des Anses.

Il cite aussi le passage où Pline parle des Garaments, et l'affirmation de Véron redite par Saint-Augustin, suivant laquelle les Grecs antérieurs à Cécrops ont vécu en promiscuité.

Même si une analyse attentive de ces textes n'avait pas amené Letourneau à conclure que les uns se rapportent à des anomalies sociales, les autres à des cas de polyandrie évidente dans l'antiquité, les faits de promiscuité n'en resteraient pas moins extrêmement rares, aussi rares que ceux relevés chez les peuples actuels; ils ne peuvent être considérés que comme des exceptions, par conséquent on ne peut s'appuyer sur eux pour établir la règle générale d'après laquelle l'humanité tout entière aurait passé par un état de promiscuité précédant toute union régulière.

Letourneau apporte une autre preuve de la non-promiscuité primitive et qui me semble excellente : c'est l'analogie avec les autres animaux, spécialement les mammifères. Chez eux, nous voyons, en effet, très bien caractérisées, deux formes d'union : la monogamie, la polygamie. Tous les mammifères vivent par couples ou par groupes d'un seul mâle et de plusieurs femelles. Il n'y a jamais chez eux de promiscuité. Elle n'existe, ce que n'a pas remarqué Letourneau, que chez nos animaux domestiques; mais, dans un sens, on peut dire que ce sont des dégénérés.

La plupart de ces animaux, en effet, ont fait abandon de leurs armes offensives et défensives, témoin les brebis, les porcs; tous se remettent à nous du soin de leur conservation et de celle de leur progéniture. Les oiseaux de basse-cour ne construisent plus leurs nids; de même le choix, la fidélité dans l'amour ont dû être négligés comme inutiles à l'espèce : le chien n'aime que son maître et il s'en trouve mieux pour la conservation de sa race que s'il veillait avec sollicitude sur sa femelle et ses petits.

Je crois donc qu'on peut en conclure qu'à l'origine de l'espèce humaine, l'union monogame de l'homme et de la femme existait pour eux comme pour toutes les autres espèces animales.

Mais cette union, par quels moyens put-elle se réaliser ? — Par le rapt, par l'achat, disent les sociologues.

Ces deux moyens de se pourvoir de femmes sont universellement pratiqués en effet ; mais je ne puis les admettre à l'origine de la race. Du temps de l'union unique —, pendant ce stade qui précéda sans doute l'organisation du clan, lorsque l'homme vivait par couples isolés et trouvait abondamment à se nourrir —, je suppose qu'il n'eut besoin ni du rapt, ni de l'achat pour se procurer une compagne. Elle devait venir librement à lui, comme viennent au compagnon de leur choix les femelles des autres animaux.

Pourquoi, seul entre tous, l'homme aurait-il eu à employer la violence? L'aurait-il pu du reste? Si la force des femmes diminua de siècle en siècle, ce fut sans doute avec une extrême lenteur, et enlever une de ces terribles femelles, telles que nous les révèlent les ossements de l'époque quaternaire, surtout la maintenir chaque jour en dépendance, aurait été une besogne que l'homme des cavernes, obligé à d'âpres luttes contre les bêtes féroces, ne devait pas rechercher.

Certes, je suis loin de nier que, plus tard, dans les guerres de tribu à tribu, le rapt des femmes était

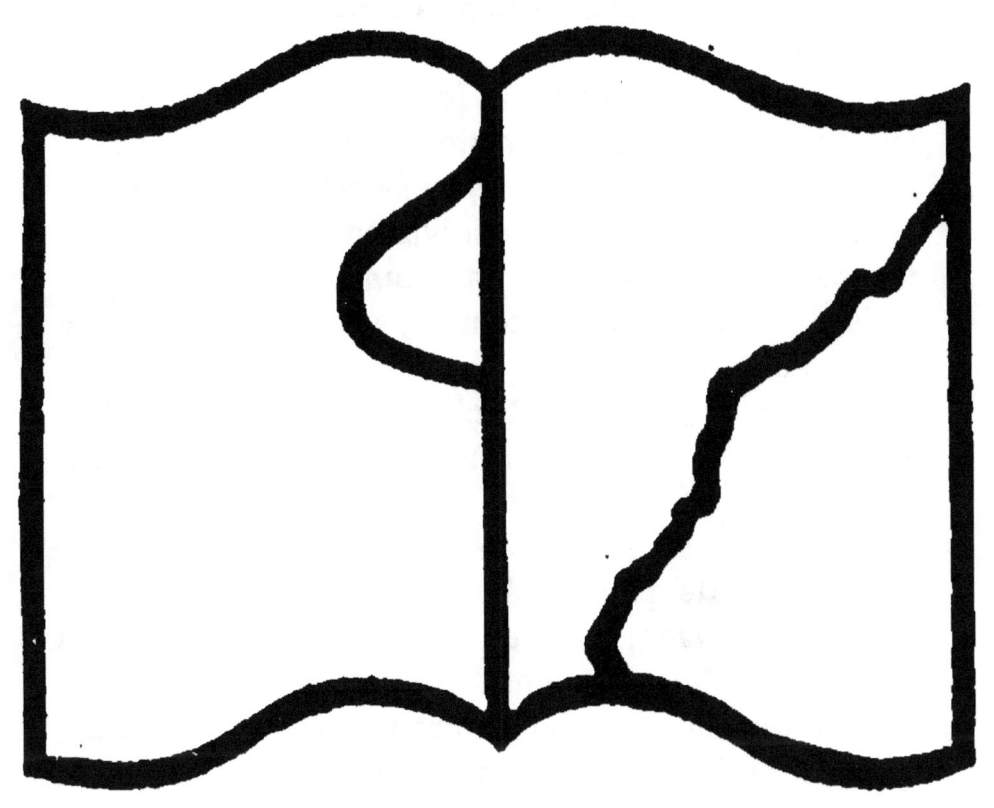

Texte détérioré — reliure défectueuse
NF Z 43-120-11

pratiqué, mais, à ce moment, la décroissance des force féminines s'était assez accentuée pour que le rapt fût possible.

Cependant il se pourrait (ceci va me mettre encor en contradiction avec la majorité des sociologues) qu la coutume de l'achat ait précédé celle du rapt, et que la première tentative d'asservissement exercée sur la femme ne soit pas venue de l'homme qui s'unit à elle, mais des parents de la femme, encore jeune fille ou même petite fille.

En effet, la priorité de l'achat me semble explicable : les parents de la femme sont deux, elle est seule ; ils sont dans toute leur force, elle est faible encore : elle est une gêne, un surcroît de fatigue pour ses parents, une bouche de plus tendue vers la nourriture rare et difficile à trouver ; d'autre part elle est pour les jeunes mâles un objet d'ardente convoitise. Quoi de plus tentant que de la céder contre un quartier de viande, quelque hache finement taillée, une peau de bête, du miel ?

La vente des femmes devint générale. Elle a été pratiquée chez *tous* les peuples anciens et actuellement elle est le seul mode de mariage dans plus de la moitié du genre humain : dans les groupes chinois, indous et musulmans, soit 824 millions d'individus contre 476 millions des groupes européens. A Viti, naguère encore, les parents disaient au mari en lui livrant leur fille : « Si vous n'êtes pas content vous pouvez la revendre, la tuer, ou la manger... »

Ainsi, dès les temps préhistoriques, les familles pressées par la faim ou peut-être déjà par l'intérêt, eurent hâte de profiter de l'aubaine et vendirent leurs filles

ussitôt qu'elles trouvèrent acquéreur. Les occasions
e vente se présentèrent souvent de trop bonne heure;
e ne fut pas une raison pour les refuser. Les jeunes filles
ient (et sont encore dans les groupes dont je viens de
rler) mariées à peine nubiles. Or, la maternité préma-
urée arrête leur croissance, les use, les tue. Je n'en veux
ur preuve que le seul exemple, bien connu, des fem-
es arabes mariées à douze ans, vieillies, finies à trente !
Le mariage précoce, obligatoire par la rapacité des
rents ; voilà une seconde et importante cause de
affaiblissement féminin.
Tandis que la première : la division du travail, la
éclusion de la femme, amenant par défaut d'exercice
ne diminution de force, s'exerçait normalement, dou-
ement, sans à-coups brusques, sans troubles patholo-
ques, la femme peu à peu s'adaptait harmonieusement
une nouvelle condition, — cette seconde cause, au
ontraire, bouleversa l'adaptation, précipitant la décrois-
ce des forces, introduisant des éléments morbides,
ui attaquèrent la femme non seulement dans sa vi-
eur, mais encore dans sa santé, dans son développe-
ent, dans sa vie, et aussi dans sa descendance : de
mme chétive ne peut naître fils robuste.
Forcément, l'humanité entière en souffrit, et il nous
t impossible de nous imaginer jusqu'à quel point,
rce que dans aucune race, dans aucune nation, la
me n'ayant été épargnée, nous ne pouvons savoir
qu'aurait été un peuple chez lequel le principe fémi-
n n'aurait pas été affaibli et dégradé.
Les raisons qui nous font placer la vente des filles
ant le rapt se comprennent maintenant, il me semble,
la vente est un agent rapidement destructeur de

force et de santé ; elle facilite donc singulièrement le rapt, impossible avec des femmes presque aussi robustes que les hommes ; et non seulement la vente facilite le rapt, mais encore elle le provoque : l'homme naturellement voleur est tenté de dérober ou d'enlever de vive force ce qu'il lui faudrait acheter. Plus tard, dans les guerres, nous le voyons emporter, parmi le butin, les femmes, cette denrée chère, rare et précieuse.

Il y eut donc une époque où l'achat et le rapt furent les seules entrées en ménage, et, si cette époque commence dans les ombres de la préhistoire, elle se continue longuement dans les temps historiques, elle persiste encore actuellement dans trois parties du monde, et, pour l'affirmer, nous n'avons plus besoin de recourir à l'induction, au raisonnement : les faits, les preuves indiscutables abondent de tous côtés.

Toute l'antiquité : Rome, la Grèce, la Germanie, la Gaule, la Grande-Bretagne ont pratiqué l'achat des femmes. — Le rapt alternait, moins fréquent cependant, mais habituel, tout porte à le croire.

Les peuples du Latium ravissaient leurs épouses.

Le code de Manou, législateur de l'Inde, admet le rapt comme mode de mariage ; la Bible parle de razzia des femmes, et Moïse fait réserver seize mille vierges après le massacre des Moabites.

En Chine, autrefois et de nos jours, car chez ce peuple le temps est immobile, les femmes, propriété absolue de leur père, furent et sont vendues.

D'après Bancrof, au nouveau Mexique, les Papayos vendent ouvertement leurs filles à l'encan. Les Afghans, dit Elphinston, considèrent si bien la femme comme une propriété, qu'en cas de veuvage, la veuve ne peut se remarier que si le second mari indemnise la famille. Chez les Kabyles du Djurjura, le prix de la femme est fixé une fois pour toutes par la tribu, et il y a une sanction pénale garantissant le paiement et la livraison de la personne vendue. Chez les Hottentots et les Cafres, la valeur d'échange du pays étant le bétail, c'est en vaches et en bœufs que se paient les filles; elle se paient en moutons et en chèvres chez les peuples pasteurs de la Tartarie; chez les Peaux-Rouges, la marchandise femme se payait ordinairement en chevaux et en couvertures.

Le rapt se pratique encore journellement dans bien des pays; beaucoup des guerres entre les petites peuplades ont pour but l'enlèvement des femmes, notamment chez les Boschimans, les Cafres, les Araucaniens, les Dacotoles, les insulaires de Samoa, les clans de l'intérieur de Bornéo.

Pour plus de commodité, en Australie, l'homme étourdit d'un coup de massue la femme qu'il a surprise, puis, enroulant autour de son javelot barbelé les longs cheveux de la malheureuse, il la traîne dans la brousse jusqu'à son campement.

Donc rapt, achat des femmes, furent et, en bien des endroits, sont encore les deux seules formes de mariage.

Dans l'une de ces formes (achat des femmes) je fais entrer le mariage par servitude : puisque le prix d'achat est payé (1) par une servitude volontaire plus ou moins prolongée du fiancé chez ses futurs beaux-parents et l'*ambel-Anek* qui est comme une prolongation de servi-

---

(1) La Bible nous offre des exemples de ce mode d'achat : Jacob servit sept ans chez Laban pour obtenir sa fille Lia et sept ans encore pour obtenir Rachel.

tude jusque dans le mariage, le mari vivant chez ses beaux-parents un peu en serviteur, mais le point de départ est toujours le même achat de la femme. Du reste, cette forme de mariage est extrêmement rare et si elle a été favorable à la femme, les points de la terre où elle fut en honneur sont si restreints que ce n'est pas la peine d'en parler (1).

On peut donc dire, sans craindre de trop s'avancer, que le mariage par achat et par rapt est la règle chez les peuples anciens, et chez tous les peuples modernes encore plongés dans la sauvagerie ou la barbarie.

Un état de chose si général, si caractérisé, doit avoir nécessairement produit de profonds effets. Quelle condition a-t-il déterminée chez la femme? De quels droits l'a-t-il dotée?

La condition de la femme dans le mariage basé sur l'achat ou sur le rapt, est simplement et naturellement celle du bétail qu'on achète ou celle des bêtes que l'on capture. L'assimilation est complète.

Un objet, un animal acheté ou volé peut être revendu, prêté, loué, employé à toutes sortes de besognes, usé, ébréché ou blessé, détruit ou tué. Nul n'a rien à y voir : l'acquéreur est le maître.

Il exerce son droit de propriété. Il est donc aussi le maître de la femme. Il l'a payée ou il l'a enlevée de vive force. Il y a eu dépense ou risque pour lui.

Il est *juste* qu'il jouisse tranquillement de son acquêt

---

(1) On ne cite guère, en effet, que Sumatra ; encore l'y trouve-t-on simultanément avec des autres formes de mariage le *jurfur* et la *simonda*. On en trouve aussi quelques traces dans le pays basque et dans le Lavedan.

ou de sa victoire. La femme n'a qu'à se taire, et en effet, pendant vingt mille ans, elle s'est tue...

En cet état de bête achetée, quels droits pouvait-elle avoir? — Il sont nombreux et variés, les voici :

Le droit de servir aux plaisirs du maître, le droit d'avoir des enfants, de les allaiter, de les porter dans ses bras ou sur son dos, de se priver pour eux de nourriture ou de repos; — le droit au travail : c'est elle le premier ouvrier agricole; c'est elle qui, avant l'homme, creuse la terre avec un bâton et l'ensemence; elle acquiert aussi le droit de semer, de bêcher, de sarcler, de moissonner; — elle a aussi le droit de porter des fardeaux, d'aller puiser l'eau au loin, de préparer les aliments, de nettoyer l'habitation, d'entretenir le feu, de soigner les animaux domestiques, de façonner le beurre et le fromage, de faire le pain; plus tard, elle obtint le droit de filer, de coudre, de tisser, de rapiécer, de lessiver, et, en tout temps, elle eut le droit d'être insultée, battue, répudiée, revendue, en un mot le droit absolu à la fatigue, à la douleur, au travail dur, non rétribué, incessant, sans même la douceur d'un merci !

Voilà les droits primitifs de la femme, voilà les seuls qu'on ne lui ait jamais déniés!

Et, pendant des siècles dont le nombre nous est inconnu, la femme a été l'esclave à tout faire, la bête de somme de l'homme et elle l'est encore sur la plus grande moitié de la terre. — Dans l'Afrique noire, en Océanie, chez le Peaux-Rouges, les Esquimaux et les Tartares, les plus durs travaux lui sont réservés : labourage, construction des huttes et des cabanes, tannerie, poterie, transport des marchandises, tout absolument, tout lui est dû. L'homme se réserve la chasse, la guerre et la garde des troupeaux.

En récompense de ses peines, la femme ne recueille que le plus accablant mépris, et, légalement, elle n'existe pas.

Non, en dehors des droits que j'ai dits, j'ai beau interroger les sociologues et les légistes, je ne vois *avant le IVme siècle de notre ère*, non seulement aucun droit, mais aucune concession accordée à la femme. Jusqu'à cette époque c'est-à-dire *tant quelle n'a eu aucune force*, elle n'est rien, elle n'a rien, pas même sa propre personne.

Enfant, elle appartient à son père; femme, à son mari; son mari mort, à ses fils; si elle n'a pas de fils, aux parents de son mari, « car une femme ne doit jamais se gouverner elle-même », c'est Manou le grand législateur de l'Inde qui nous l'apprend; et la Chine, la Grèce, Rome, la Germanie, cent peuples divers sont de l'avis de Manou.

Chez eux, l'autorité paternelle s'exerce absolue, souveraine, sans contrôle. Le *Pater familias* est le maître, le législateur, le pontife, le juge et souvent le bourreau.

A Rome, la femme ne sent se relâcher cette terrible serre paternelle, que pour tomber corps et biens dans la possession non moins étroite de son mari. Une expression désigne ce nouvel état; être mariée c'est être in *manu mariti*.

Le droit du mari est d'une telle ténacité qu'il s'étend au delà du tombeau, le mari peut pourvoir sa femme d'un tuteur ou d'un mari.

Chez les Saxons, les Bourguignons, les Germains en général, la femme était en tutelle perpétuelle. Cette puissance, dit M. Violet, qui pèse sur elle depuis sa naissance jusqu'à sa mort, s'appelle *Mundium*, elle appartient à son père, à son mari, à un parent mâle, de préférence du côté du père; à défaut de parent, la femme est sous la puissance du roi. Elle appartient souvent au fils aîné dès qu'il a quinze ans, c'est-à-dire l'âge où il devient fort. Sans doute à l'origine il put imposer son droit dès cet âge, puis ce devint coutume.

Il va sans dire que la femme n'était jamais tutrice de ses enfants.

Pour leur mariage, son consentement n'était pas demandé. Elle ne pouvait soutenir ni intenter une action en justice. En Grèce, dans les procès où elle était partie, le greffier appelait : « une telle et son seigneur ».

Le remariage était souvent interdit à la femme. « Qu'une femme veuve, disait-on, amaigrisse son corps volontairement en vivant de fleurs, de racines, de fruits purs ; mais après avoir perdu son époux, qu'elle ne prononce pas même le nom d'un autre homme. » Et ceci n'est rien auprès de la crémation des veuves vivantes, des *Sutties* qui naguère encore était fort commune au Bengale (1). La féodalité se garda bien d'émanciper la femme, qui reste toujours mineure et même un peu moins, puisque, dit le code Beaumanoir : « Tout mari peut battre sa femme quand elle ne veut pas obéir à son commandement, ou quand elle le maudit, ou quand elle le dément, pourvu que ce soit modérément et sans que mort s'ensuive. » Une prescription singulière allait jusqu'à enjoindre aux femmes de laisser pousser

---

(1) Dumont D'Urville raconte un drame épouvantable auquel il assista en 1853 : la crémation de la veuve d'un rajah qui, affolée, s'échappa du bûcher en flammes et y fut rejetée par les prêtres.

leurs cheveux afin que leurs maris eussent prise sur elles.

Il est impossible de découvrir dans toute l'antiquité l'apparence de droits concédés à la femme. — Et pourquoi lui en aurait-on concédé ? — Quel intérêt y aurait-on eu ? Et quelle force avait-elle pour les imposer ?

Mais, conséquence de sa faiblesse, on la voit en tout pays accablée de devoirs et elle ne peut les enfreindre que sous les peines les plus effroyables !

A Rome, la femme est condamnée à mort par son père ou son mari si elle a bu un peu de vin ou seulement pris la clé du cellier.

L'adultère est pour elle, en tout pays, un crime horrible : aussi, pour le punir, quelle variété de supplices !

Au Bornou, on écrase l'une contre l'autre les têtes des complices ; dans l'Ouganda, le roi fait démembrer lentement les adultères en prescrivant de ne désarticuler à la fois qu'un segment et de les jeter aux vautours qui s'en repaissent sous les yeux des suppliciés.

Chez les Achantis, le mari, souverain justicier, peut à son gré tuer sa femme ou lui couper le nez. Cette dernière punition, du reste, se pratique presque universellement.

Chez les Modaks de la Californie, la femme coupable est éventrée ; dans l'ancien Mexique, elle était lapidée, dans certains districts, écartelée. Les Arabes font décapiter l'adultère soit par son père, soit par son frère.

En Perse, le complice périssait par le feu ; mais la femme enfermée vivante dans un sac était jetée à l'eau.

La Bible est dure pour les adultères. Elle les lapide (1). Une particularité très exceptionnelle des Hébreux c'est que, chez eux, l'époux adultère recevait le même châtiment que la femme; — partout ailleurs l'adultère du mari n'est pas réprimé. (Nous l'avons bien vu en France jusqu'en ces dernières années.)

Si le complice de la femme est généralement puni, quoiqu'à un bien moindre degré pourtant —, c'est qu'il attente à la propriété, c'est qu'on le considère comme un de ces voleurs pour lesquels la Société est implacable.

A ce sujet, le code de Manou dit : « Quoique la con-
» duite de son époux soit blâmable, qu'il se livre à
» d'autres amours et soit dépourvu de bonnes qualités,
» une femme vertueuse doit le révérer comme un
» dieu... » Si c'est une femme qui est coupable, le ton
» change :

« Si une femme, fière de sa famille et de ses qualités,
» est infidèle à son époux, dit-il, que le roi la fasse
» dévorer par des chiens sur une place publique très
» fréquentée — et que l'amant soit brûlé sur un lit de
» fer chauffé au rouge. »

Dans l'antiquité grecque et romaine, dans l'Europe des premiers âges, même rigueur pour la femme adultère, même indulgence à l'égard du mari coupable de

---

(1) Nous sommes habitués à ce mot de lapidation, car la Bible le répète à chaque page et nous le répétons nous-mêmes sans attacher d'importance au sens, mais la chose était horrible. Le coupable jeté à terre de quelques mètres de haut par le premier témoin, autant que possible sur le dos, recevait du second témoin (car les témoins faisaient office de bourreaux) un pavé sur la poitrine, la foule achevait avec des cailloux. Suivant l'adresse des exécuteurs, la mort venait rapide ou l'agonie durait des heures.

cette faute, et, pour le complice de la femme, châtiment plus ou moins dur, quelquefois simple amende.

Pour la femme adultère à Sparte, c'était la mort; à Rome, la mort; dans l'ancien Danemark, la mort; en Angleterre, pendant longtemps, la mort; puis le roi Canut ordonna que la femme aurait le nez et les oreilles coupés. Les Saxons brûlaient la coupable et sur son bûcher étranglaient son complice.

Tacite nous dit que les anciens Germains promenaient la femme adultère, nue, à travers les bourgades.

Au Moyen âge, enfin plus clément, on se contente de l'enfermer dans un couvent pour le reste de ses jours. Le groupement de ces faits, démontre cette vérité : l'histoire de la femme n'est qu'un long martyrologe.

Pourtant, cette lamentable histoire, nous ne la connaissons que très superficiellement et fragmentairement. Quelques textes de lois, de courts passages d'auteurs anciens, des récits de voyageurs seuls nous la font soupçonner, mais nous ne saurons jamais ce que le passé a englouti de désespoirs, de souffrances et d'horreurs.

Les sociologues eux-mêmes, impassibles d'habitude en leur qualité de savants et d'hommes, finissent par s'en émouvoir.

« Toutes les antiques législations, dit Letourneau, » sont en général d'une iniquité plus ou mois criante » pour la femme. Les plus humaines se bornent à » apporter quelques légères restrictions au brutal bon » plaisir des hommes que rien ne retient dans les » sociétés tout à fait sauvages. »

Réfléchissons à ces paroles, et peu à peu nous verrons se dresser tout au long des siècles la douloureuse femelle de l'homme.

Nous la verrons déchue de son ancienne et joyeuse force, écrasée de travail, déformée par les grossesses réitérées et les allaitements, humiliée, tremblante, meurtrie sous les coups, suppliciée pour les moindres fautes, rivée au foyer comme en un bagne, exclue de toute assemblée délibérante, de tout pouvoir, de toute propriété, hors la loi et hors la justice — n'ayant acquis en ces siècles de douleurs qu'un seul don : celui des larmes...

Le rire, a-t-on dit, est le propre de l'homme, on peut ajouter : et le *pleurer* le propre de la femme...

Nous la verrons aussi, cette esclave façonnée pour la volupté du maître, parquée en des gynécées, en des harems ; en certains pays mise à l'engrais, gorgée, gavée jusqu'au vomissement de lait c . des fruits de l'arbre à pain... En d'autres contrées, en Chine par exemple, par une aberration de l'esthétique, mutilée, estropiée ; partout enfin, abêtie, démoralisée, avilie, devenue on ne sait plus quel être hybride, puéril et lascif, perfide, volage, frivole et cruel à son tour.

Cette femme ou plutôt ces deux femmes, car le bétail féminin s'est bifurqué en deux types bien distincts qui se superposent sans se confondre : la bête de somme et la bête de joie — sont l'œuvre indéniable de la force supérieure de l'homme.

Nous ne faisons pas ici un réquisitoire contre l'homme, mais contre le triomphe d'une force qui n'a pas trouvé devant elle une force égale pour la neutraliser.

Si le détenteur de la force supérieure avait été la femme, il n'est pas probable, il est certain qu'elle en aurait abusé de même. Elle eût façonné l'homme à son gré, l'aurait asservi, domestiqué, privé de tout droit, surchargé de devoirs, confiné dans des... *androcées*; c'est lui qui serait devenu l'être hybride à la carnation délicate, au corps, au visage doucement arrondis, aux gestes gracieux, à la voix douce...

Seulement, il n'en est point ainsi : le sort l'a favorisé, et sans nous répandre en stériles récriminations contre la tyrannie de l'homme, puisqu'il est, lui aussi, le jouet des circonstances et que son œuvre est inconsciente, nous devons constater que la femme a été son éternelle victime.

Nous devons dire aussi, ou plutôt répéter, que l'humanité dans son ensemble n'y a rien perdu ; cette différence dans les fonctions ayant été favorable à son développement comme quantité au moins. — L'humanité a couvert la planète de ses races noire, jaune, rouge et blanche et si, ainsi qu'il semble, ce pululement est le but que cherche la nature, ne nous plaignons pas : il est atteint.

La femme dans sa bassesse, par son travail de jour et de nuit, ses multiples enfantements, son amour maternel que rien ne venait distraire, en a été le moyen, et sa souffrance a été féconde.

Et cependant, du fond de ce cloaque de misères et d'abjections, la femme est remontée. Elle a pris des droits, elle a acquis de la dignité, elle s'est refait une âme.

Par quel miracle ?... Sans miracle aucun, mais toujours en vertu de cette loi que nous énoncions en commençant : la force crée le droit... Et la femme qui n'avait plus aucun droit, a récupéré des forces et par conséquent imposé des droits.

Cette assertion, au premier abord, peut sembler paradoxale. La femme du Moyen âge, la femme de l'Empire romain, même, déjà moins misérables que les femmes d'une plus haute antiquité, étaient cependant, sous le rapport physique, aussi faibles que les femmes de nos jours. Elles ne présentaient nullement l'apparence de la force.

Cela est vrai; mais il n'est pas nécessaire, pour que le droit se crée et triomphe, que la force qui le fait naître soit une force musculaire ou une force numérique. La force peut être ailleurs que dans le muscle ou dans le nombre, elle peut prendre d'autres aspects et revêtir d'autres formes.

CHAPITRE III

Causes du relèvement social de la Femme

La plupart des féministes cherchent à faire ressortir les grandes qualités ou facultés de la femme; ils la montrent, soit dans le passé, soit dans le présent, apte aux plus hautes spéculations de l'esprit, rivalisant avec l'homme dans les lettres et les arts; ils célèbrent ses travaux, ses succès.

Il est préférable de montrer la femme dans son abaissement, parce que la vérité de cet abaissement est manifeste, et aussi parce qu'elle est touchante, cette vérité, et qu'elle saura, mieux que des exagérations en sens contraire, provoquer la pitié, éveiller la justice; et le mérite de la femme qui, de ces bas-fonds d'ignominie, a su s'élever presqu'au niveau de l'homme, n'en apparaîtra que plus glorieux.

Avant de marquer la tendance au relèvement, insistons donc sur la démarcation profonde creusée entre les deux sexes par la force masculine.

L'homme et la femme furent et sont encore, en général, si dissemblables non seulement physiquement mais sous le rapport des mœurs, des habitudes, des idées, qu'ils semblent appartenir à deux espèces d'animaux différentes.

En effet, ils n'ont ni même taille, ni même ossature, ni même forme, ni même épiderme, ni même système pileux, ni même voix, ni même démarche, ni mêmes mœurs, ni même caractère.

On a dit qu'il y a plus de différence entre les hommes de race blanche et les nègres qu'entre ceux-ci et les singes. Eh bien! certainement, il y a aussi plus de différences physiques et psychiques entre l'homme et la femme qu'entre certains animaux d'espèces différentes du même genre cependant, tels que le loup et le chien, la panthère et le léopard, la souris et le campagnol.

Je ne dis pas entre les femelles de ces animaux et leurs mâles, non, ils sont semblables — mais entre chien et loup, panthère et léopard, souris et campagnol, et je crois qu'en constatant entre les deux sexes cette dissemblance unique semble-t-il, parmi les mammifères, on peut en conclure et même prouver que *la femme n'est pas la femelle normale de l'homme.*

Elle est un produit, on ne peut dire de la civilisation, mais de l'état de choses créé par la victoire de la force masculine; — elle n'a sans doute pas été fabriquée de toutes pièces, mais, du moins, modifiée en tout son corps, appropriée à la destination qu'on lui réservait: elle a été *spécialisée*, telles ces races de moutons, de poules, de porcs si bien adaptées par les savantes sélections des éleveurs, que les moutons sont tout laine, les poules pondent intarissablement, les porcs ne peuvent plus traîner le poids de leur graisse.

Ceci n'est point paradoxal, mais nouveau et vrai, car bien certainement il y a aussi loin entre la femme spécialisée et la femme primitive qu'entre le mouton *mérinos*, le porc *du comté d'Essex*, la poule du *Houdan* et l'agile bouquetin, le sanglier et le robuste gallinacé dont ils descendent.

Et de même que la domestication de ces animaux amena dans leur caractère une profonde perturbation, que de sauvages, hardis, lestes, agressifs, vagabonds, qu'ils étaient, elle les changea du tout au tout, les rendant doux, paisibles, craintifs, paresseux ; de même l'adaptation de la femme aux convenances de l'homme la rendit sédentaire, timide, humble, résignée, la doua de toutes ces vertus tant vantées, si agréables au sexe fort!

Qu'on ne vienne donc plus nous dire : « La nature de « la femme le veut ainsi, la nature a créé la femme « pour telle ou telle fonction, elle doit s'y soumettre. »

La nature dont on parle si peu quand il s'agit d'émancipation, de libre essor, de droit de tous à la vie, au bonheur, prend en ce cas des airs rogues de geôlière, et par nature beaucoup sous-entendent un Créateur, une Providence, une force occulte quelconque, ils ne savent quoi au juste, mais quelque chose d'implacable en ses décrets, d'immuable en ses décisions — et cet ordre de la nature était un argument écrasant. Personne n'a songé à remonter à l'origine de cette faiblesse, de cette différenciation, de cette infériorité de la femme et à répliquer que la nature en est innocente!

Car l'abaissement de la femme est l'œuvre de l'homme ; il l'a adaptée, il l'a faite ce qu'elle est, pour son bon plaisir, comme il domestique les animaux, comme il cultive les plantes. Et de même qu'il obtient, par d'adroites sélections et d'habiles engrais, les légumes monstres, les fruits géants, les fleurs bizarres aux teintes invraisemblables, de même il a *obtenu* la femme. — La seule différence, c'est qu'il a façonné cette dernière inconsciemment, par le seul et libre jeu de sa force et de son despotisme.

N'invoquez donc plus la nature, ou plutôt observez-la avant d'en parler, et si vous découvrez une seule espèce présentant des différences aussi caractéristiques entre le mâle et la femelle, nous reconnaîtrons qu'elle a de tels desseins. — Mais il est impossible d'en trouver. La femme, avec l'exagération de sa gorge et de ses hanches, ses genoux rentrants, ses membres frêles, sa peau fine, ses muscles atrophiés, son peu de goût pour la marche et les exercices physiques, sa faiblesse relative, sa crainte perpétuelle de toutes choses, son peu de capacité pour les spéculations de l'esprit, — nous parlons toujours en général, bien entendu, il est d'étonnantes exceptions, — la femme, uniquement femme et mère, est bien le résultat des habitudes séculaires qui lui ont été imposées, de la sélection naturelle amenée par la préférence de l'homme pour la femme ainsi faite, résultat que l'hérédité ne pouvait qu'accroître et fortifier.

Elle est donc la victime, non de la Nature, mais de l'homme qui, sans le savoir, mais obéissant à ses égoïstes instincts, accomplit ce crime : détourner un être de sa destinée primitive pour en faire l'instrument de sa propre satisfaction.

Cette main-mise d'une classe d'individus sur une autre classe d'individus de la même espèce, est unique ou à peu près dans la nature. Chaque individu vit au contraire pour lui et pour sa progéniture, jamais pour un autre individu de même espèce. D'habitude, les espèces bataillent contre espèces *différentes*, certaines même vivent absolument aux dépens des autres; mais jamais nous ne voyons l'asservissement, l'esclavage dans les rangs de la même espèce. C'est une règle à laquelle il n'est que deux exceptions : chez deux insectes, l'un des sexes opprime l'autre et c'est le féminin qui est l'oppresseur. Les abeilles et les fourmis ne tolèrent les mâles qu'au moment de la reproduction; sitôt fécondées, elles les détruisent sans miséricorde.

Mais chez tous les vertébrés : oiseaux, mammifères, poissons, il n'est pas d'exception, aucun des sexes n'asservit l'autre; s'il existe parfois un léger excédent de force chez le mâle, il s'en sert pour combattre ses rivaux, non pour tyranniser sa compagne.

Ainsi donc, au lieu d'obéir à la nature en restant asservie à l'homme, la femme la contrarie et constitue une unique et malheureuse exception.

L'infériorité physique et morale de la femme a amené, nous l'avons vu dans le chapitre précédent, des conséquences immédiates et désastreuses pour elle dans l'ordre social, c'est-à-dire la privation absolue de tous droits politiques, civils, familiaux; la surcharge de devoirs accablants, la séquestration au foyer, l'annihilation complète.

De cette chaîne fatale d'effets, tous défavorables à la femme, il résulta pour elle une diminution si grande qu'elle disparut, pour ainsi dire, de la scène du monde: le passé ne conserve pas sa trace, mais à peine, de loin en loin, un faible souvenir. Aussi l'histoire de l'humanité est l'histoire de l'homme, pas celle de la femme.

De grands bouleversements, guerres, invasions, croisades, dislocations d'états, réformes religieuses s'accomplissent sans la femme; de longs siècles s'écoulent sans que, dans les récits, dans les chroniques soit mentionné le nom d'une femme. Quelques personnalités féminines isolées, (reines ou princesses)

e peuvent être considérées comme représentant le
enre femme tout entier qui, lui, est toujours resté
inerte et silencieux.

La part d'action prise par la femme dans la marche
e l'humanité nous est donc inconnue.

L'humanité, en ceci, est semblable à la lune, qui
toujours tourne vers la terre une même face brillante ;
'est elle qui nous éclaire, elle seule que nous pouvons
'tudier, dont nous connaissons les monts, les volcans,
es mers et les plaines; mais l'autre hémisphère nous
reste à jamais ténébreux et caché.... Et cependant, lui
aussi est partie intégrante de l'astre....

Malgré les conditions terribles sous lesquelles elle a
été écrasée, la femme est aujourd'hui, en quelques pays,
rares il est vrai, presque au niveau de l'homme : elle a
conquis la plus grande partie de ses droits.

Comment cette bête de somme, cet instrument de
travail, cet objet d'agrément, vendu et acheté, revendu,
donné, loué, brisé, a-t-il pu s'élever à la hauteur de son
maître?

Nous l'avons déjà dit : par la force. La force seule
crée le droit, il faut bien le reconnaître; pour ceux qui
ne la possèdent pas, il ne peut y avoir qu'esclavage et
misère. On dit cependant : la force prime le droit. C'est
vrai, mais une force avait d'abord établi le premier droit
et c'est une nouvelle force qui vient implanter un
nouveau droit.

La femme donc, pour triompher ou simplement pour
faire admettre ses droits, a eu besoin de force.

Où l'a-t-elle prise ? Ses muscles sont restés faibles et
délicats. Ce n'est donc pas la force physique qui est
venue à son aide.

Est-ce la force numérique? Le nombre des femmes est à peu près égal à celui des hommes; du reste sans unité de vues, d'aspirations, sans entente préalable, sans plan d'attaque, sans volonté générale de révolte, le nombre ne peut rien.

Où donc est alors la force de la femme?

La femme n'a pas de force propre; mais avec le temps, avec les siècles tombant après les siècles, par une gradation infiniment lente, elle a fini par être à même d'en emprunter et d'en acheter, car la force se prête et la force se vend; et sous ces modes nouveaux, elle n'en est pas moins agissante et toute puissante.

Examinons donc quelles sont les circonstances qui ont assez favorisé la femme pour lui permettre l'acquêt de la force :

Elles sont de cinq sortes :

La polyandrie, la polygynie, l'hétaïrisme, la dot, la caste.

**

Avec Letourneau, et contrairement à l'opinion de beaucoup de sociologues, nous admettons d'abord pour l'humanité un stade de monogamie, plus tard transformée en promiscuité, en polygynie ou polyandrie et tendant peut-être vers une nouvelle monogamie, ce qui prouverait que l'évolution du mariage décrit une circonférence et non une ligne droite. Donc, si le mariage strictement monogame s'était conservé, la femme serait, sans nul doute, restée durant l'éternité *in manu mariti*, sans aide, sans amélioration à son sort, sans espoir de jamais rencontrer un point d'appui pour se relever de sa profonde bjection, et rien ne serait venu interrompre le courant e force qui la ployait devant lui.

Mais l'instinct génésique de l'homme s'accrut par la facilité à se satisfaire ; lorsqu'il put voler ou acheter plusieurs femmes, il le fit et la polygynie naquit. (1) Nécessairement, cette abondance de femmes, amenée en quelques tribus par le rapt ou raflées comme butin, à la suite de guerres avec les tribus voisines, ne se produisit qu'en provoquant la rareté des femmes dans ces dernières tribus, rareté aggravée du reste chez beaucoup de peuples, entre autres chez les Arabes primitifs par l'infanticide des filles, enterrées vivantes dès leur naissance, quelquefois même vers l'âge de quatre ou cinq ans.

La polyandrie (2) en résultait. Voici comment : les femmes plus ou moins rares, partant plus ou moins précieuses, se virent disputées par les hommes. Mais ces luttes continuelles, au sein du même clan, de la même famille, n'auraient pu durer sous peine de disparition du clan, de la famille, attaquée du reste de tous côtés et devant faire face aux dangers extérieurs. Un accord intervint : chacun visitera la femme en litige, à son tour ; chaque femme aura trois, quatre, cinq, dix maris.

Dès cet instant, la femme n'est plus soumise à une seule force mais à plusieurs qui, étant égales entre elles, ou à peu près, se neutralisent les unes les autres.

La femme n'est plus propriété privée, elle devient

---

(1) Polygynie ou polygamie, mais polygynie est plus exact parce que poly-gamie signifie plusieurs unions, une femme peut-être polygame. Poly-gynie signifie plusieurs femmes.
(2) Plusieurs hommes pour une femme.

bien communal. Chacun, par conséquent, a intérêt à la bonne administration de ce bien, tous ont le droit d'user, tous ont intérêt à supprimer l'abus d'un seul. Il n'est plus possible, sous le régime polyandrique, à un des maris de battre sa femme, de la surcharger de travail sans que les autres maris interviennent pour s'y opposer. La femme y gagne en repos et en bien-être, et il se crée parmi ses maris le *devoir* de la respecter — car le devoir, comme le droit, est fils de la force : le fort imposant au faible l'obligation d'agir de telle sorte qui lui convient, avec le temps, la coutume, l'hérédité, les faibles arrivent à se persuader qu'il y a pour eux nécessité morale à agir ainsi qu'ils ont l'habitude *imposée* de le faire.

Mais, avec la polyandrie, la femme ne gagne pas seulement en tranquillité, en considération; elle acquiert des biens plus solides, elle devient propriétaire à son tour. Ses époux, pour se faire bien venir d'elle, lui apportent des présents : fruits, gibiers, pelleteries, objets brillants : coquillages, plumes, pierres ou métaux. Ces trésors, dont un seul homme lui enlèverait aussitôt la possession, plusieurs la lui assurent.

Ainsi s'établit, par le contre-balancement des forces masculines, un état, non de supériorité de la femme, — revêtue d'une sorte de caractère auguste comme se sont complu à le déclarer quelques historiens, entre autres Bachofen et Giraud-Teulon, — mais un régime en somme tolérable pour la femme.

L'habitation, où ses maris se succèdent et où elle demeure, devient tout naturellement la sienne : elle est propriétaire.

Les enfants, que huit ou dix pères pourraient

revendiquer, restent uniquement les siens; elle est mère de famille, *matriarche*; — les fruits de son petit jardin, les présents qu'elle reçoit de ses maris, elle peut les échanger, les vendre, la voilà donc commerçante. Et, de son droit de posséder, de trafiquer, de son autorité maternelle, découlent nécessairement tous les droits attachés à la propriété, à l'autorité. La femme est quelqu'un, on la consulte, on tient cas de ses avis; elle a voix délibérative dans les assemblées; chargée de moins de mépris, exerçant une sorte de règne sur ses enfants, sur ses maris, son intelligence s'est amplifiée, elle a pris de l'assurance, elle s'est fait une dignité.

C'est l'Egypte qui nous offre le plus long et le plus bel exemple de matriarcat.

Les écrivains de l'antiquité s'accordent sur ce point avec les actes démotiques récemment déchiffrés. Voici ce qu'en dit Hérodote: « Ils ont établi des coutumes et des
» lois opposées à celles du reste des hommes. Chez eux
» les femmes vont au marché et trafiquent, les hommes
» portent les fardeaux sur la tête, les femmes sur les
» épaules.... » C'est le contraire dans les pays latins. Diodore va plus loin et affirme que, dans la famille égyptienne, c'est l'homme qui est soumis à la femme.

Ce qui est certain, c'est que la femme était plus riche que l'homme; elle pouvait donc dicter des lois lors de la rédaction du contrat de mariage, elle restait maîtresse absolue des ses apports. On spécifiait, en outre, dans les contrats, les sommes que les maris devaient payer aux femmes, soit comme don nuptial, soit comme pension annuelle, soit comme amende en cas de divorce.

« Il semble, dit Letourneau, que dans l'ancienne
» Egypte, il n'ait existé aucune puissance maritale
» dans les familles des particuliers. »

Ce pays n'en a pas moins été, pendant de très longs siècles, puissant, paisible et heureux.

Ainsi, par la seule polyandrie, la femme n'est déjà plus l'esclave à tout faire que nous avons montrée au début.

Malheureusement ce régime ne repose pas sur une base solide, il est en équilibre instable ; un rien, la moindre déviation dans le contrebalancement des forces ou peut-être simplement la cessation de sa cause : la rareté des femmes, — que, du reste, il tend lui-même à détruire par la conservation d'un plus grand nombre d'enfants abondamment pourvus de nourriture par les maris, ce qui permet de renoncer à l'infanticide des filles, — un rien, dis-je, suffit pour renverser ce régime et pour lui substituer la monogamie, et, si l'accroissement du nombre des femmes continue, la polygynie.

La polyandrie, qui a existé sur un grand nombre de points du globe, n'a pu prendre racine sur aucun. (1)

C'est un stade éphémère de l'humanité, trop de causes concourant à la détruire ; par conséquent, elle n'est pas créatrice de civilisation ; elle demeure à l'origine des sociétés, fragile et transitoire, et n'est pour la femme qu'une courte halte dans sa voie de douleur.

Sitôt que, pour une raison ou pour une autre, — par exemple une guerre heureuse qui amène dans un pays polyandre des femmes comme butin, — la polyandrie cesse, la femelle n'est plus ni rare ni précieuse ; subissant la loi de l'offre et de la demande, elle tombe à vil prix et la polygynie s'installe triomphante, car il est néces-

---

(1) Sauf au Thibet et dans deux ou trois régions très limitées de l'Inde.

saire de remarquer que l'homme a une tendance naturelle à la polygynie; il ne subit la polyandrie que contraint et forcé.

* * *

La polygynie a été aussi pour la femme, quoique à un degré infiniment moindre, une cause de relèvement.

Par la polygynie, la femme s'est différenciée de la femme, s'est hiérarchisée.

La polygynie a été, sans aucun doute, la créatrice de la beauté spéciale de la femme.

Lorsque l'homme n'a qu'une seule femme, il l'emploie à deux fins : au travail, à la reproduction. — Lorsqu'il en a plusieurs, il les spécialise : celle-ci cultive, celle-là soigne l'intérieur, cette troisième plus belle, munie de quelque instruction, sera réservée aux seuls plaisirs du maître.

L'oisiveté, le goût de la parure, les arts dits d'agrément : la danse, la musique, enseignés dès les temps les plus reculés dans les harems des polygynes, affinent la femme, en font cet idéal de beauté qui, conjointement avec l'autre type, — le type de la femme-manœuvre, — constitue l'ensemble de la féminité.

Or, tout le monde le sait (les poètes nous l'ont assez dit) : la beauté est, pour la femme, une force, une force morale s'entend, c'est-à-dire incertaine, inégale, aléatoire, aussi différente de celle qui peut se mesurer au dynamomètre que la parole l'est de l'action, mais dont cependant il faut tenir compte parce que ses effets, bien que ne pouvant pas être prédits sûrement, n'en soient pas moins quelquefois formidables.

Qu'on se souvienne du mot de Pascal : « Si le nez

de Cléopâtre eût été plus court, toute la face de la terre aurait changé. »

La beauté de la femme est donc pour elle un moyen éventuel de domination, et il est juste d'en tenir compte à la polygynie qui, en ne recherchant que le plus grand agrément de l'homme, dota la femme de ce précieux avantage.

Outre l'action directe que la beauté de la femme peut exercer sur l'homme, il en existe une indirecte. Elle consiste en ceci : la beauté de la femme — du moins dans les pays où elle n'est pas séquestrée comme en Orient — ramène la polyandrie. La cause est presque la même en effet : s'il y a peu de femmes, elles sont recherchées par plusieurs hommes; s'il y en a beaucoup, elles ne trouvent pas acquéreur. Or, les femmes belles sont toujours rares, donc elles font prime et sont recherchées par beaucoup d'hommes, d'où polyandrie et, par conséquent, amélioration du sort de la femme, car aussitôt les forces masculines se font équilibre.

D'autres fois, si la polyandrie ne s'effectue point, par suite de la bonne garde du premier mari, ses bons effets ne s'en font pas moins sentir, parce que le mari sait bien que, s'il exerçait des sévices trop forts sur une femme très belle, les défenseurs se présenteraient en foule pour la lui arracher et lui offrir un asile.

Cependant les bienfaits de la polygynie sont assez relatifs et, si la femme n'avait pas trouvé d'autres moyens d'accaparer la force, il est certain qu'elle continuerait, comme dans les pays où ces moyens lui ont manqué, à végéter bien misérablement.

Ces moyens sont, après la polyandrie et la polygynie, l'hétaïrisme ou prostitution, la dot et la caste.

Avant d'en entreprendre l'examen, disons un mot de quelques tentatives exceptionnelles, mais directes, entreprises par la femme elle-même pour conquérir ses droits, s'affranchir de la barbare tutelle de l'homme.

L'histoire nous apparaît comme une étendue immense et sombre : quelques points plus ou moins éclairés en émergent de ci de là, formant des îles, des groupes d'îles, mais de l'une à l'autre quels abîmes ! quelles ténèbres !

Il faut se résigner à ignorer la presque totalité de la vie des peuples et ne pouvant savoir, se contenter de déduire.

Eh bien, deux fois dans le monde, à la connaissance des historiens — mais que de tentatives ont dû rester inconnues ! — un fait bizarre s'est produit : l'*amazonisme*, c'est-à-dire la femme guerrière, ayant expulsé l'homme, s'en garant comme d'un fléau, vivant et se gouvernant seule dans une liberté jalouse.

En parlant de ces deux essais d'amazonisme, nous négligeons la tentative des femmes de Lemnos qui égorgèrent leurs maris, ce qui leur donna en Grèce une détestable réputation : quatre cents ans après on disait proverbialement à Athènes : « Tout ce qui vient de Lemnos est mauvais ». Nous ne parlerons pas non plus du fait cité par Valère Maxime qui raconte qu'on exécuta à la fois, à Rome, cent soixante-douze femmes qui avaient empoisonné leurs maris.

Dans l'un comme dans l'autre fait, il y eut évidemment complot des femmes, exaspérées par la tyrannie de leurs époux ; ces faits sont significatifs de l'état misérable des femmes dans l'antiquité, mais, puisqu'ils échouèrent, nous n'avons pas à en tenir compte au point de vue amazonisme.

Hérodote est le plus ancien historien qui ait parlé des Amazones. Il les place dans le pays des Scythes, sur les bords du Tanaïs, où elles abordèrent après avoir été défaites par les Grecs sur le Thermodon. Strabon en parle également. Cependant l'existence des Amazones a été mise en doute dès l'antiquité même.

L'orgueil masculin, froissé de cette révolte, préféra sans doute, lorsque le temps l'eut à demi voilée de ses ombres, en nier l'existence; cependant si elle n'avait pas eu un fondement véridique, ou plutôt si elle n'avait pas été d'une certitude incontestable, l'orgueil masculin, le même à toutes les époques, ne l'aurait pas imaginée, ne lui aurait pas permis de prendre sa place dans l'histoire.

Du reste, le même fait s'est produit en Amérique.

Les conquérants du nouveau monde découvrirent un peuple de guerrières à l'embouchure du fleuve remonté par Francesco Orellano.

M. de Humboldt suppose, à ce sujet, qu'en différentes parties d'Amérique, les femmes, lasses de l'esclavage où les hommes les tiennent, se sont réunies, comme font les nègres fugitifs, dans un *palenque*.

Ainsi deux fois, à la connaisance de l'histoire, les circonstances furent assez favorables pour permettre aux femmes de secouer le joug pesant de l'homme (et je le répète, bien des tentatives ignorées durent être hasardées, et peut-être réalisées).

L'évènement devait se produire, sans doute, à la suite de guerres très destructives d'hommes. Supposons qu'une colonne expéditionnaire, formée de tous les hommes valides, quitte un pays et que, portant l'attaque au loin, elle soit exterminée jusqu'au dernier soldat. —

Les vainqueurs sont trop éloignés ou trop occupés par ailleurs pour venir ravager le territoire des envahisseurs et enlever leurs femmes. — Celles-ci ont goûté à l'indépendance, les jours s'écoulent, leur apportant la joie de ne pas voir revenir leurs tyrans; elles se concertent et, se sentant plus fortes que les quelques vieillards et les très jeunes garçons demeurés parmi elles, elles les tuent ou les chassent. Elles décrètent que, désormais, elles n'auront d'autres maîtres qu'elles-mêmes; elles forment des cohortes, s'habituent au maniement des armes et leur force s'accroît jusqu'au jour où une force supérieure la rencontre et la brise.

D'autres fois, comme le pense Alexandre de Humboldt, les femmes, excédées de souffrance, s'enfuient isolément, puis, en quelques points de défense facile ou dans les profondeurs des forêts vierges, — craignant moins les reptiles vénimeux et les bêtes féroces que les hommes, — elles se groupent et s'organisent en société.

Cependant l'amazonisme doit être fort rare parce qu'il nécessite chez les femmes un *féminisme* très avancé.

Presque toujours la femme (l'esclave, le prolétaire aussi, du reste), souffre sans rien dire et même sans rien penser.

Les malheureux de naissance, de caste, les malheureux héréditaires sont pliés à la douleur : ils sont des machines à souffrir, non à raisonner.

Ils savent donc parfaitement tolérer la souffrance; leur résignation est immense, mais ce n'est pas une vertu... C'est une impossibilité d'agir, un manque de ressort, de volonté et surtout de conscience de leur mal et de désir de s'en libérer.

Donc, les circonstances favorables à l'amazonisme

ont dû se présenter souvent, les guerres exterminant la population mâle étaient nombreuses entre petites tribus, mais les femmes n'étant pas à même d'en profiter, n'organisaient pas pour cela la gynécocratie ; elles tombaient en la puissance des quelques survivants et leur obéissaient, comme les troupeaux d'animaux domestiques, même les bœufs, les chevaux, qu'un seul petit berger suffit à maîtriser et à conduire.

Mais, même en admettant que les femmes aient eu le désir et la force de secouer leur joug lorsque les circonstances s'y prêtaient, même en admettant qu'assez souvent elles aient pu se constituer en gynécocratie, cet état ne put être de longue durée, parce que pour le maintien de l'amazonisme une condition est indispensable : le meurtre de presque tous les enfants mâles.

Etant donné l'amour maternel, cette condition est-elle possible?

Et si l'enfant n'est pas sacrifié, il grandit, devient un homme et sa force, bientôt agissante, renverse le droit et en crée un nouveau.

Du reste si l'amazonisme avait prévalu, s'il s'était étendu dans les cinq parties du monde, le malheur se serait déplacé, mais n'aurait pas été moins grand. C'est sur les hommes qu'il se serait abattu. — Décimés dès l'enfance, tenus en tutelle toute leur vie, assujettis aux plus abjects travaux, ils auraient acquis les qualités qu'ils estiment tant chez les femmes et leur petit nombre aurait répondu de leur obéissance ; du reste cinq ou six siècles de domination féminine auraient suffi pour transporter la force d'un sexe à l'autre et assurer aux femmes une paisible royauté.

Mais ce n'est pas de ce féminisme que nous nous réclamons; notre idéal est autre : la souffrance, d'où qu'elle vienne, nous touche et nous révolte; et ce que nous voulons, ce n'est pas suprématie, c'est égalité, c'est justice.

Contentons-nous donc d'enregistrer pour l'instant les lents progrès du relèvement de la femme.

*
* *

La polyandrie, nous venons de le voir, lui apporta de grands mais éphémères avantages. La polygynie, à un degré infiniment moindre mais plus universel, lui octroya les précieux dons de la beauté et d'une certaine culture intellectuelle; mais l'hétaïrisme ou prostitution fut la cause déterminante de progrès vraiment sérieux et qui demeurèrent acquis.

La féminologie à ses traîtrises... Nous voici amenés, en parlant des causes du relèvement de la femme, à présenter à nos lecteurs comme deux des plus importants facteurs de ce relèvement, deux choses horribles par elles-mêmes, et contre lesquelles tous nos principes de morale et de libéralisme se révoltent : l'hétaïrisme ou prostitution, la caste ou aristocratie.

Mais, quelles que soient nos idées personnelles, nous ne faisons pas ici une œuvre de parti, ni un cours de morale; nous n'avons qu'un but : la recherche de la vérité et, lorsque cette vérité se rencontre, belle ou hideuse, favorable ou adverse, accueillons-la avec transport, car nous devons la glorifier dans son essence, et non l'apprécier pour les fruits qu'elle nous apporte.

Or, puisque au premier rang des causes de l'amélioration du sort de la femme, nous trouvons l'hétaïrisme, nous devons le signaler.

Oui, quelque étrange, quelqu'immoral que cela paraisse, la prostitution fut un bienfait pour la femme — nous ne parlons pas, bien entendu, de la prostitution de nos jours, de la prostitution *réglementée*, soumise à la police des mœurs, qui est l'esclavage moderne de la femme, mais de l'hétaïrisme tel qu'il se pratiqua dans les anciennes civilisations, tel qu'il est encore en honneur en Chine, au Japon, en Algérie, dans beaucoup de pays.

Mais, avant de parler des effets de l'hétaïrisme, parlons de ses causes.

La plus lointaine, la plus profonde, c'est la rapacité, non de la femme, mais de l'homme, du possesseur de la femme, quel qu'il soit : père, frère ou mari. C'est à lui que doit être attribuée l'habitude honteuse et productive de la prostitution.

En effet, à l'origine des sociétés, dans ces temps nuageux qui semblent si loin de nous et cependant nous tiennent de si près, puisque nos mœurs, nos institutions, notre morale, nos modes de penser en sont issus, la femme est le bétail de l'homme, sa chose ; il l'a payée, elle est à lui, il la fait fructifier de toutes les manières. Nous avons vu qu'il peut la prêter, la revendre, il peut donc aussi la louer. Ceci est démontré historiquement. A Rome, le patricien avait le droit, et en usait couramment, de prostituer ses jeunes esclaves pour profiter du prix de leur prostitution, tout comme chez nous ou loue son taureau ou son bélier(1).

---

(1) L'austère Caton lui-même prostituait à son profit ses jeunes esclaves

L'homme loua donc la femme. Il lui imposa le vice, comme plus tard, ou simultanément, il lui imposa la vertu ; ou plutôt l'un et l'autre, vice et vertu, pudeur, dévergondage, fidélité, lascivité, toutes ces qualités spécialisées sont le fait de l'homme. C'est lui qui les inventa pour son profit, pour son plaisir, pour son avidité de propriétaire; c'est lui qui les cultiva et les développa chez la femme.

Sous ce rapport, comme sous bien d'autres, elle est redevable à l'homme.

Mais il se trouva que la fille, se vendant par ordre à tout venant, se constitua un petit pécule qui lui permit de trouver un mari.

Il y a ici une lacune, signalée par M. Paul Lacombe : « Comment se fait il, dit-il, que les parents, après avoir loué leur fille pour la prostitution, ne l'aient pas vendue pour le mariage, qu'ils aient renoncé à ce dernier gain? qu'ils aient même abandonné à leur fille cette partie des bénéfices de la prostitution qui sert maintenant à former sa dot ? »

M. Lacombe suppose qu'il y a de l'analogie entre le pécule de la fille prostituée par ses parents et celui que le maître abandonnait à l'esclave. « Celui-ci le faisait « fructifier, l'accroissait, puis acquérait sa liberté en le « rendant à son maître, tout entier généralement, « parfois seulement en grande partie. »

« Chez l'hétaïre, continue M. Paul Lacombe, les « gains étaient plus difficiles à surveiller, et surtout ils « se seraient réduits à rien si l'ouvrière n'avait pas été « indemnisée personnellement, tandis qu'avec l'aiguil-« lon de l'intérêt, ils pouvaient au contraire s'élever très « haut. »

Cette raison est bonne; cependant, seule elle ne parait pas convaincante, car la crainte des réprimandes, des coups pouvait aussi faire monter le gain très haut.

On pourrait peut-être y joindre cette seconde raison : l'hétaïre ayant pour l'exercice de son métier toute facilité, pouvait quitter sa famille, son pays, s'en aller très loin, car partout elle trouvait des clients et parvenait à assurer son existence, à réaliser même des économies, à arrondir de plus en plus son trésor, jusqu'à ce qu'il devint assez tentant pour décider un épouseur.

Les parents, plutôt que de voir s'éloigner et se perdre une source de revenus, préférèrent sans doute laisser à la fille une partie de son gain et se constituer une petite dot.

Voici ce que dit encore à ce sujet M. Paul Lacombe:

« Quand la société est simple et pauvre, la dot de
» l'hétaïre ne peut être chose bien considérable et par
» suite bien influente. Mais, avec la civilisation et du
» même pas, l'hétaïrisme s'élève, il devient un métier
» brillant. Pourvue alors de bijoux, de meubles précieux,
» de rentes, de maisons, de domaines, l'hétaïre qui veut
» se fixer est recherchée par un grand nombre de partis.

» Et c'est une entrée en ménage bien différente de
» celle de la femme vendue par ses parents. A cette
» différence originelle, d'autres s'ajoutent, qui agissent
» comme la première en faveur de la liberté.

» Cette femme qui apporte de la fortune, a eu de
» nombreux adorateurs; elle a connu, sinon le respect
» proprement dit, du moins la complaisance, l'expres-
» sion de l'admiration, même de l'amour, d'un certain
» amour tout physique peut-être, mais peu importe.

» Elle a acquis l'expérience du caractère masculin, sur-

» tout de ses côtés faibles. Elle a reçu de l'instruction, une
» éducation privilégiée. Il est impossible qu'elle devienne
» jamais, entre les mains du mari agréé par elle, une
» personne servile comme l'est, partout au début, la
» femme achetée. Celle-ci se pliera d'autant plus
» aisément à la domesticité ou, en tout cas, à la surveil-
» lance stricte, au quasi emprisonnement du gynécée,
» qu'elle y a été préparée, dressée par les procédés
» mêmes de la maison paternelle.

» Il paraîtra piquant aux uns, scandaleux aux autres,
» que la vertu, ou ce que nous appelons de ce nom, ait
» desservi la femme et nui à sa cause ; tandis que le
» contraire de la vertu agissait inversement et relevait la
» femme en face du mari. — Quoi qu'il en soit, le fait
» semble indubitable.

» L'hétaïre mariée a introduit, implanté, au milieu
» des peuples polygyniques, un ménage où la femme
» traite à peu près sur le pied d'égalité avec son mari et
» qui contrastait fortement avec les autres ménages
» environnants.

» Quand nous parlons ainsi de la femme, n'oublions
» jamais de penser aux parents qui sont derrière elle, à
» leur rivalité naturelle avec le mari.

» Ils suivent leur fille chez ce mari d'un œil d'autant
» plus attentif et jaloux, qu'il y a, avec cette fille, des
» biens auxquels ils n'ont pas tout à fait renoncé. Si
» la fille meurt sans enfants, ces biens leur reviennent ; il
» ne faut donc pas que le mari les dissipe. Aussi les
» surveillent-ils. Le mari n'est plus le maître incontesté,
» irresponsable et pas davantage le gouvernant absolu
» de sa femme. »

Mais ce contrôle des parents, cette situation plus

tolérable de la femme vis-à-vis de son mari, ne sont pas les seuls bienfaits de l'hétaïrisme :

Par l'hétaïrisme, la femme a pu s'individualiser ; elle a pu sortir de la catégorie des bêtes de somme et des bêtes de joie des gynécées, toutes pareilles entre elles ; car la pratique de l'hétaïrisme exige certaines qualités d'initiative où la personnalité de chacune joue un grand rôle. Ce doit être quelque chose comme la chasse pour l'homme ; cela doit demander de la patience, de la ruse, de l'audace, toutes qualités infimes sans doute, mais déjà au-dessus de la stupide résignation, de l'obéissance passive, pratiquées jusqu'alors par les femmes.

Puis, il ne suffit pas à la courtisane d'être belle, il faut qu'elle plaise, et plaire n'est pas un don de la nature mais un art long et difficile.

« C'est à l'hétaïrisme, dit encore M. Paul Lacombe, » que la femme doit d'avoir reçu de l'éducation, peu » importe laquelle, au début. Au Japon, en Chine, dans » l'Inde, la femme qui fait le métier de courtisane, est » supérieure à la femme ménagère.

» Afin qu'elle puisse causer, on orne sa mémoire de » notions variées, on lui apprend à lire, à chanter, à » danser. Elle fait même des vers ; elle improvise, elle » sait accompagner sa voix de quelque instrument.

» De même en Grèce. Dans le temps où Laïs et » Aspasie menaient une existence libre et brillante, » entourées des hommages de beaux jeunes hommes, » la femme légitime, la ménagère inculte et bornée » vivait en recluse au foyer domestique. »

Mais cet exemple des courtisanes fut irrésistible : d'une part, les femmes honnêtes, jalouses des talents des hétaïres, s'efforcèrent de les imiter ; de l'autre, les maris, habitués par leurs amours extra-conjugales, à trouver chez ces femmes plus d'agréments que chez les leurs, ne s'opposèrent pas à ce qu'un peu d'instruction fût donnée à celles-ci, et le sexe féminin tout entier finit par profiter des avantages procurés par l'hétaïrisme.

L'hétaïrisme est donc bienfaiteur de la femme; mais précisons.

Il a été, au-dessus de l'état misérable dans lequel croupissait la femme, un premier degré sur lequel elle s'est hissée pour sortir de son abaissement; mais, après ce premier degré, d'autres, qu'elle n'aurait pu atteindre sans celui-ci, se sont présentés devant elle; elle est montée et même très haut; aujourd'hui, elle doit regarder avec un juste mépris ce premier échelon qui touche le sol boueux.

Donc, instruction très supérieure à celle donnée aux femmes de gynécées, possibilité pour la femme d'apporter une dot, de trouver un mari plus respectueux de ses droits, et surtout conquête de ce puissant outil de rédemption, la richesse, tel est le bilan de l'hétaïrisme.

Nous venons de voir que les hétaïres se créent dans le mariage une situation supérieure à celle de la femme vendue ou ravie. Bientôt — est-ce pour rivaliser avec les courtisanes? on ne le sait, l'origine de la dot est inconnue — mais tout à coup, sans transition apparente, les parents qui tiraient un profit de leurs filles, se mettent à la pratique contraire.

Non seulement ils donnent leur fille gratuitement, mais ils payent pour qu'on la leur prenne.

Cet usage a dû s'établir sans doute dans les sociétés riches et conquérantes.

Les femmes étrangères, emmenées comme butin après les victoires, devaient abonder. Les filles des familles du pays ne trouvaient plus acheteur : à quoi bon? les esclaves, plus belles, plus soumises, suffisaient aux hommes.

Les parents donnèrent leurs filles.

Pour diverses raisons, entre autres les instincts exogamiques, (1) on continua à préférer les étrangères. Les parents alors, las de nourrir des bouches inutiles, se résolurent à un grand sacrifice, où ils trouvaient quand même leur intérêt, puisqu'ils allégeaient leurs charges : ils offrirent, avec leurs filles, des présents, un peu d'argent, peu de chose d'abord; mais plus tard, avec le développement des richesses, l'orgueil des castes, l'émulation de famille à famille, l'ostentation, ce furent des sommes considérables.

La femme entra chez son mari piédestalisée sur un tas d'or.

Elle y apporta des exigences, qualifiées d'intolérables et cependant tolérées.

Dans la comédie « Les Menechmes » de Plaute, une femme ayant à se plaindre de son mari, s'écrie : « Voilà » l'homme à qui j'ai apporté dix talents en dot et c'était » pour souffrir de tels affronts! » Dans « Le Marchand » du même auteur, un père appelé par sa fille pour calmer une querelle de ménage : « Elles n'en font jamais » d'autres, ces femmes qui ont apporté une dot; elles

---

(1) L'exogamie est la coutume qu'ont un très grand nombre de tribus sauvages de ne s'unir qu'à des filles d'une autre tribu.

» veulent tenir les hommes sous leur joug, c'est un
» orgueil intolérable, eux aussi ne sont point à l'abri de
» tout reproche, cependant il y a des choses qu'une
» femme doit supporter jusqu'à un certain point. »

Le reste de la scène ne se rapporte pas absolument à la dot ; néanmoins nous ne résistons pas au désir de la citer, car elle établit admirablement, environ un siècle avant l'ère chrétienne, la position de la femme entre son père et son mari, qui tous deux s'entendent pour la maintenir en tutelle, bien que ces deux meules qui la broyaient, la *potestas patria* et la *manu mariti*, semblent enfin se desserrer un peu.

La fille s'est plainte à son père.

LE VIEILLARD
« Encore une dispute ! Combien de fois t'ai-je expressément recommandé de faire en sorte que ni toi, ni ton mari ne vinssiez vous plaindre à moi ?

LA FEMME, (*vivement*)
Est-ce en mon pouvoir ? Que veux-tu que je fasse, mon père ?

LE VIEILLARD, (*d'un ton sévère et imposant*)
Tu m'interroges ?

LA FEMME, (*intimidée et baissant les yeux*)
Si tu veux le permettre.

LE VIEILLARD
Ne t'ai-je pas mille fois exhortée à te montrer soumise à ton mari, à ne pas épier ses démarches, ce qu'il fait, où il va ?

LA FEMME
Mais il est l'amant d'une courtisane, qui demeure ici tout près.

LE VIEILLARD

Il a raison, et je voudrais que pour te punir il t'aimât davantage.

LA FEMME

Il y va boire.

LE VIEILLARD

Tu verras qu'à cause de toi, il n'osera pas boire, ou chez elle, ou ailleurs, à sa fantaisie? Et diantre, quelle est cette impertinence? Ne veux-tu pas l'empêcher d'accepter une invitation ou de recevoir quelqu'un chez lui? Tu prétends donc faire des esclaves de tous les maris? Il n'y a plus qu'à leur mettre une quenouille entre les mains, à les faire asseoir parmi les servantes, et à leur donner de la laine à filer.

LA FEMME

Ainsi ce n'est pas pour moi que j'ai invoqué ton assistance, mon père, c'est pour mon mari! Tu dois me protéger et tu plaides sa cause.

LE VIEILLARD

S'il est en faute, je lui ferai bien d'autres reproches qu'à toi. Il ne te laisse manquer ni de bijoux ni de vêtements. Il te donne des servantes, un office garni et le reste; tu dois, ma fille, être raisonnable. »

Les exigences intolérables dont se plaint le vieillard de Plaute sont la proclamation du principe d'égalité entre les époux, qu'en grande partie, la dot a permis de réaliser.

La loi peut rester contre la femme, car sa trame est solide et ne s'use que fil à fil: implicitement, les biens dotaux apportent la libération et la légitimité de ce qu'on appelle exigences.

La dot et la prostitution sont aujourd'hui des sources

de maux incalculables pour la femme; autrefois, elles lui furent l'une et l'autre excellentes et salutaires. Par elles, l'argent, ce levier qui, sans point d'appui, soulève le monde, fut mis entre leurs mains; le mariage fut changé ou plutôt il fut créé; désormais la brutale prise de possession par l'achat, par l'enlèvement n'est plus. Il y a contrat, c'est-à-dire reconnaissance, représentation des droits des deux parties, et tout le désir, tout l'amour, tout le respect inspiré par l'argent se répandent aussi sur la femme possédante, elle est recherchée, désirée, aimée, respectée.

Cette vénération pour l'argent, qui pénètre le mari, n'a pas quitté le père; il suit son bien d'un œil jaloux et la femme qui, à Rome, par exemple, passait jadis de la dure *potestas patria* sous la non moins terrible *manu mariti*, reste maintenant propriété du père qui éprouve tout-à-coup le besoin de la conseiller, de la protéger, de la reprendre près de lui si elle est malheureuse. C'est ce que finit par faire le vieillard de Plaute.

Enfin la femme, si longtemps répudiée, peut à son tour obtenir le divorce. Il fallut l'esprit rétrograde du christianisme pour lui enlever ce droit.

Nous voyons la Romaine divorcer pour les causes les plus diverses, parfois les plus futiles.

Martial le constate avec une ironie méprisante dans son épigramme :

« Au renouvellement du mois de Janus, tu abandonnes
« ton vieux mari, Proculeia, et tu lui signifies qu'il ait à
« se suffire à lui-même. Qu'est-il arrivé je te prie ? D'où
« vient ce mécontentement subit ? Tu ne veux pas
« répondre ? eh bien, je parlerai. Il était préteur et la
« présidence des jeux Mégalésiens devait lui coûter

« cent mille sesterces, en mettant vos largesses au plus
« bas. La fête populaire lui eût occasionné de plus une
« dépense de vingt mille sesterces.

« Ce n'est point une séparation que tu as voulue,
« Proculeia, c'est une économie ».

L'esclave à tout faire, la bête de somme, la bête de joie a compris la puissance de son talisman ; elle le garde et nous ne saurions partager l'indignation de Martial.

*
* *

Si l'hétaïrisme et la dot, mettant la richesse aux mains de la femme, lui ont donné la presque égalité avec son mari, la caste lui a obtenu un résultat plus extraordinaire, plus prodigieux encore.

La caste a établi en certains temps, déjà passés, en certains lieux, c'est-à-dire chez les peuples hiérarchisés, la *suprématie* de la femme sur l'homme, ou pour parler plus justement, la suprématie d'un petit nombre de femmes sur un grand nombre d'hommes et de femmes; — mais peu importe la définition, le fait reste le même et il est merveilleux : l'homme, le maître, le fort a pu être soumis, humble et obéissant sujet, à une femme.

Ce renversement total de toutes les idées reçues, est cependant facile à expliquer.

La force de l'homme s'exerce d'abord sur l'être le plus rapproché de lui, sur la femme, car avant qu'existe le moindre embryon de société, il y a un couple de mâle et de femelle.

Lorsque les sociétés se forment, par groupes de familles, par petits clans, plus tard par tribus — la lutte s'engage de clan à clan, ou plus généralement, de tribu à tribu ; et lorsqu'enfin les tribus s'agrègent en peuples, que des peuples vainquent d'autres peuples, il se produit une fusion de vainqueurs et de vaincus, de forts et de faibles ; mais les forts conservent, même dans le nouvel amalgame, une supériorité sur les faibles, sur les vaincus. Cette supériorité se manifeste par l'accaparement de la terre et des richesses, et elle engendre d'une part l'orgueil et le mépris, de l'autre la crainte, le respect et la soumission.

Les possédants arrivent à se croire d'une autre essence, plus noble et plus belle — et on ne peut dire qu'ils aient absolument tort, car leur culture physique et intellectuelle, leur genre de vie, leurs mœurs, leur alimentation arrivent rapidement à les différencier de la masse des non-possédants, insuffisamment et mal nourris, accablés de travaux, exténués de privations de toutes sortes.

Le possédant, quel qu'il soit, patricien, bramine, seigneur féodal, souvent doué de qualités brillantes : valeur guerrière, habileté diplomatique, et constituant l'expression la plus superbe de la force organisée, arrive très vite à une sorte de déification de lui-même, dans laquelle il englobe nécessairement tout ce qui le touche : sa femme, ses enfants, ses compagnons d'armes.

La légende du sang se crée.

Le règne d'une catégorie d'hommes s'établit, dans lequel nécessairement la femme entre de plain-pied ; elle y trône avec son époux, ses fils, bien au-dessus de la foule humiliée du reste des humains.

Le respect immense, qui, d'en bas, monte vers les aristocraties ne peut que s'attacher à la femme qui en fait partie; elle a sa part de tous les privilèges, de tous les honneurs. Si son père, si son mari, si ses frères, si ses fils continuent à la tenir en mépris — le mot n'est pas trop fort, car encore aujourd'hui presque tous les hommes gardent au fond d'eux le mépris incoërcible de la femme, — ce mépris toutefois est moindre que celui qu'ils éprouvent pour les gens de la classe inférieure : la plèbe, les manants les vilains, la canaille.

Si la femme est évincée de la succession, lorsqu'y a des enfants mâles, si, dans ce cas, elle doit se contenter de ce qui lui fut donné en dot, ne serait-ce, dit la loi, « qu'un chapeau de rose », elle recueille le fief de plein droit si elle est seule héritière. — Philippe Ier ne put se rendre maître du château de Montlhéry qu'en mariant un de ses fils à l'héritière du fief. — La femme hérite alors non seulement de la possession de la terre, mais de tous les droits y attachés, et ils sont nombreux : les droits de haute, basse et moyenne justice; le droit de nommer les officiers de loi et de justice : baillis, greffiers, notaires, huissiers, sergents seigneuriaux, qui instruisent et jugent en son nom; elle perçoit les amendes; elle a sa prison, ses fourches patibulaires, son bourreau, car elle condamne à mort, et, dans ce cas, elle hérite du condamné; elle hérite aussi de ceux qui meurent sans testament, ni enfant légitime, c'est le droit d'aubaine; elle s'approprie les choses mobilières, vivantes ou inanimées, égarées et dont le propriétaire est inconnu, elle prélève la moitié des trésors trouvés; les objets rejetés par la mer sont siens : c'est le droit d'épave; elle devient possesseur des biens abandonnés incultes depuis dix ans, et ce n'était pas peu de chose au Moyen âge. Elle a des droits sur la terre, sur les trouaux, sur les gens : le droit de banvin sur la vendange; e droit de semée sur les semailles, le droit de champart ur la récolte, le droit de forestage sur les forêts, le droit e brebiage, de chevrotage, de cornage sur les brebis, es chèvres et les bœufs; le droit d'abeillage sur les ches, le droit de bichetage sur les grains au marché, e droit de férinage sur la mouture, le droit de fouage r chaque feu, le droit de faîtage sur les maisons, le roit de laude sur les foires et marchés, le droit de udelage sur les maisons de débauche, le droit de tage ou droit de corvée, le droit de chemage pour le ssage d'une charrette, le droit de chevage sur les trangers et les bâtards, le droit de chevet dû par officier qui se mariait, le droit de senage sur le poisson, droit de tavernage sur les tavernes, et tant d'autres, nt d'autres trop long à énumérer, pouvant du reste se umer en un seul : le droit du plus fort. — Les hon- eurs sont aussi prodigués à la femme noble; elle oit la prestation de foi et d'hommage; à l'Eglise elle son banc, et le droit d'être ensevelie dans le œur; le prêtre lui offre l'encens, « l'eau bénite par stinction. »

Cependant, croire que ce pouvoir, ces hommages rent accordés et rendus à la femme serait une grande reur. Ils furent octroyés à la haute et puissante dame, ritière du fief, fille des suzerains et des rois, re- ésentant à défaut de mâles la suzeraineté ou la yauté. La femme, en tant que femme, n'y est pour n; au contraire, dès le début, son sexe fut un stacle, témoin la *loi salique :* il fallut des intérêts et des rces considérables pour maintenir la femme en pos- ssion des biens familiaux; il fallut aussi le temps, qui enracine les institutions et leur imprime des apparences de solidité éternelle.

Il est donc erroné de soutenir qu'avant la Révolution Française, la femme avait des droits qu'elle a perdus, par exemple le droit de vote.

Aux états-généraux de 1560 et de 1576 figurent, en effet, quelques noms de filles et de veuves, mais c'est le possesseur du fief qui vote, non la femme ; c'est la caste qui possède ce privilège, non la femme.

A Remiremont, le chapitre noble des chanoisesses le droit de basse, haute et moyenne justice da cinquante deux bans de seigneuries ; il présente soixante dix cures, confère dix canonicats mâles nomme dans la ville les officiers municipaux, le magistrats de trois tribunaux de première instan et d'appel et tous les officiers de guerre. C'est encor le privilège d'une caste, le clergé, mélangé, il est vrai à la noblesse puisque la chanoinesse était obligée d faire la preuve de trente six quartiers de noblesse.

Cependant, si l'élévation de quelques femmes a pouvoir ne doit pas être attribuée à leur sexe mais leur naissance, si leur main pèse aussi lourdement su le peuple que celle du maître, si le règne d'une femm ne fut jamais signalé par une loi, par un édit en fave des autres femmes, — indirectement à la longue femme en général finit par bénéficier de l'état supérie acquis par quelques-unes.

La condition de la femme en fut moralement relevé sous le gouvernement d'une femme il ne peut plus êt question de mépris absolu pour la femme ; puis, lorsq quelques femmes héritent des domaines, des dignités de la puissance de leur père ou de leur mari, l femmes qui ne se sont pas trouvées dans le cas d'hériter, sont devenues cependant aptes à le faire et cette possibilité leur attire des hommages préventifs, qui deviennent peu à peu coutumiers. La coutume de respecter la femme s'établit ainsi peu à peu dans les hautes sphères et comme l'habitude d'imiter les grands exista de tous temps, elle descendit dans la bourgeoisie et, plus ou moins, jusque dans le peuple.

CHAPITRE IV

Etat actuel de la femme dans les différentes races humaines

Plus un peuple est loin de la civilisation, ou plutôt de l'harmonie, car la civilisation est parfois une assez triste chose — et il vaut mieux emprunter à Fourier sa dénomination « Harmonie » qui désigne le stade auquel l'humanité complètement évoluée parviendra, après avoir franchi les degrés : bestialité, sauvagerie, barbarie, civilisation ; — plus un peuple, donc, est loin de l'harmonie, plus l'esclavage de la femme est absolu, plus la femme est méprisée.

Par exemple, les derniers des hommes, les habitant de la Terre de Feu, dont le langage est une sorte de gloussement ou d'aboiement guttural, l'habitation une hutte de branches, le vêtement un morceau de peau de phoque non tannée, l'arme un fragment de silex chez ces êtres qui marchent errant le long des grèves sans lois, sans chef, vivant de coquillages, les femme sont complètement asservies, soumises aux plus rud travaux; elles rament, elles pêchent, elles plongen dans la mer pendant les froids intenses pour alle chercher les coquilles attachées aux rochers.

Dans les contrées les plus civilisées, au contraire l'affranchissement partiel ou total de la femme marqu le degré de supériorité des peuples. Mais pour constate ce fait, passons une revue rapide de toutes les race humaines.

Si l'on coloriait la mappemonde suivant la teinte des races qui habitent la terre, la race noire y formerait une grande tache qui commencerait au-dessous du Sahara, couvrirait toute l'Afrique, engloberait Madagascar, gagnant les grandes îles de l'Océanie : Australie, Nouvelle-Calédonie, ainsi que toutes les îles de la Polynésie et s'étendrait jusqu'en Californie — et on remarquerait que le centre de cette tache présenterait le maximum de densité de la couleur noire qui irait en s'atténuant sur les bords. Cette intensité de la couleur noire correspond de même au degré de grossièreté et de sauvagerie des habitants et représente aussi le degré de subordination dans lequel est tenue la femme.

En effet, dans cette immense partie de la terre, couverte, malgré les trouées qu'y font les Européens, d'une population très dense, la femme est restée l'être misérable, propre à toutes les corvées, astreint au plus durs travaux, injurié, battu, vendu et très souvent tué.

Le mariage par achat et par rapt existant seul, l'hétaïrisme n'ayant pas eu à s'excercer, les castes ne se formant point et, par conséquent, n'ayant pas fondé une hiérarchie favorable à la femme, la polyandrie ne pouvant s'établir parce que les femmes ne sont pas rares, le nombre des hommes, au contraire, diminuant par suite des guerres continuelles de tribu à tribu et la polygynie, déterminée par cet état de choses, étant d'un bien faible secours comme moyen de relèvement social, nulle force n'intervient en faveur de la femme qui reste seule, faible et désarmée, devant la puissance brutale de l'homme.

La force musculaire s'étend donc sans obstacle; elle

domine et accapare la femme car celle-ci est pour l'homme un objet de première nécessité et une source de richesse.

D'ordinaire, lorsque la femme se rend indispensable dans la production économique, elle acquiert de ce fait une certaine importance, quelques privilèges.

Dans l'Afrique noire, il n'en est pas ainsi : partout on la trouve réduite au plus rude esclavage.

Au Bournou, une femme ne s'approche jamais de son mari sans ployer les genoux. — René Caillé signale le même fait sur les bords du Niger.

Chez les Zoulous, les travaux des femmes sont si pénibles que la première femme achetée travaille avec ardeur dans l'espoir de fournir à son mari les moyens d'acquérir une seconde femme, une compagne de misère, sur laquelle, par droit d'ancienneté, elle aura la haute main.

En Australie, en Nouvelle-Calédonie, chez les canaques cannibales, ou plutôt chez les restes de ces peuplades exterminées par les Européens, même asservissement de la femme.

Dans les voyages d'un campement à l'autre, les explorateurs nous la montrent transportant, outre ses enfants en bas âge dans un panier de jonc suspendu à son cou, d'une main le gibier tué, les callebasses et autres ustensiles de ménage, de l'autre une branche de gommier allumé pour conserver le feu. L'homme marche devant, ne portant que ses armes.

Les Boschimans, les Hottentots traitent leurs femmes comme de simples animaux domestiques et les offrent volontiers aux étrangers comme le font les Australiens; et au Gabon, dit le voyageur du Chaillu, la suprême ambition d'un homme est de posséder un grand nombre de femmes.

« Rien n'est plus précieux pour lui car elles cultivent
» la terre et leur devoir strict est de le servir et de lui
« fournir des aliments. — La femme est toujours achetée
» au père et souvent dès sa première enfance. Dans ce
» cas elle est placée sous la tutelle de la principale épouse
» du mari. — Celui-ci ne se mêle point des travaux
» agricoles exercés par les femmes : il exige seulement
» qu'elles le nourrissent ; s'il les a achetées, c'est unique-
» ment pour faire un placement fructueux. En consé-
» quence, il les traite comme des animaux domestiques
» et ne se fait aucun scrupule de leur lancer, à propos de
» rien, de rigoureux coups de fouet d'où résultent d'inef-
» façables cicatrices.

» J'ai vu très peu de femmes, ajoute du Chaillu, qui
» n'eussent pas sur le corps des traces de ce genre. Le
» fouet qui sert à ces corrections conjugales est à double
» lanière et fait avec de la peau d'hippopotame ou de
» lamantin. Il faut entendre le digne mari s'écrier :
» Ah ! coquine, crois-tu que je t'ai achetée pour rien !..»

Sur ce sujet : l'esclavage, les travaux des femmes, les récits des voyageurs sont d'une monotonie extrême. Sauf quelques rares exceptions, — chez les habitants des îles heureuses de la Polynésie par exemple, vrai paradis terrestre, où la douceur du climat et l'abondance de toutes sortes de fruits venant sans culture, font l'exis-tence si délicieuse que la lutte pour la vie n'existe pas, — ces récits nous montrent que, d'un bout à l'autre de l'immense partie du globe habitée par la race noire, la condition de la femme est partout la même, aussi uni-formément lamentable.

Qu'on prenne une femme des bords du Niger, une autre de la Nouvelle Zélande, une troisième de la côte du Zanzibar, et qu'on écrive leur histoire, pour les unes ou pour les autres l'histoire sera la même, on n'aura pas un mot à changer; partout pour la femme noire, que le pays soit pauvre ou fertile, plat ou montagneux, c'est la même vie terrible de travail sans pitié. — Et nous la voyons non-seulement occupée aux soins du ménage et des champs, mais encore à des labeurs pratiqués en Europe seulement par les hommes.

Ainsi en Afrique les femmes sont meuniers et boulangers : sur une pierre creusée d'un trou et, à l'aide d'un caillou rond, on les voit interminablement occupées à broyer le grain. Le mélangeant avec du lait aigre, elles en font ensuite une sorte de bouillie appelée couscous ou sanglé, habituelle nourriture des peuplades africaines.

Les femmes sont potiers. Au bord des ruisseaux elles recueillent une sorte de terre grise; elles la pétrissent, en extraient les corps étrangers, la façonnent en forme de vase, de coupe, de plat, d'ustensiles divers qu'elles polissent à mesure avec leurs mains, et ornent souvent de dessins; elles les font ensuite sécher lentement à l'ombre, puis elles les lustrent à l'aide d'un morceau de bois et les exposent au soleil, enfin elles les font cuire sous un feu de paille.

Les femmes sont tanneurs : elles creusent un trou dans la terre, l'emplissent de bouse de vache et y enfouissent une peau de bœuf coupée en deux. Au bout de cinq ou six jours, elles la raclent avec un couteau pour enlever les poils, la lavent, la frottent avec de la cendre, la laisse tremper dans l'eau pendant quelques jours, puis recommencent à racler avec des coquilles tranchantes et finissent, après plusieurs autres opérations, par obtenir un cuir souple et aussi bon que nos cuirs d'Europe.

Les femmes filent le coton et le teignent en bleu avec les feuilles de l'indigo.

Les femmes sont porteurs de marchandises; ce sont elles qui, de l'intérieur du continent noir aux bords de la mer, transportent sur leur tête les denrées exportées : riz, gomme, sel, ivoire, — accompagnant les caravanes; ce sont elles qui les ravitaillent d'eau.

René Caillé raconte qu'elles allaient souvent jusqu'à trois milles chercher l'eau dans des oasis pendant le repos des voyageurs, marchant au plus fort du soleil.

Il dit qu'un jour, l'une d'elles, chargée d'un lourd fardeau, fut prise des douleurs de l'enfantement. Elle accoucha sans secours dans un champ de cotonniers. La caravane continua son chemin laissant cette malheureuse. Le lendemain Caillé fut fort étonné de la voir suivre avec une callebasse vide sur la tête. Ses traits étaient altérés, ajoute-t-il.

Les femmes sont maçons : elle construisent les cabanes, bâtissent les murs de terre glaise et les recouvrent de chaume ou de gazon. Enfin il n'est pas de métier qu'elles ne pratiquent sans se spécialiser dans aucun mais les exerçant tous tour à tour.

Pourtant, forger le fer et abattre des arbres sont des besognes que les hommes se réservent parce qu'elles touchent à la fabrication des armes et des canots, ce qui les ennoblit à leurs yeux.

*
* *

Ainsi, chose très remarquable, l'agriculture, l'industrie, le trafic commercial sont l'œuvre de la femme.

L'homme uniquement chasseur et guerrier vit *en parasite* sur elle. Son parasitisme va si loin qu'un chef de l'île Otahiti, raconte le capitaine Cook, ne savait pas manger seul, ses femmes portaient ses aliments à sa bouche.

Invité un jour sans ses femmes il ne put rien manger ; un domestique fut obligé de lui rendre le service auquel il était accoutumé.

Cependant, malgré leur utilité immense, les femmes sont tenues dans le plus profond mépris : elles ne mangent pas avec les hommes qui prennent leurs repas en commun, causant beaucoup, se moquant des absents et riant bruyamment.

Les femmes mangent dans leur case avec leurs enfants ; à l'âge de dix ans, les garçons sont admis à la table de leur père. Le repas fini, chaque femme vient reprendre ses ustensiles de ménage.

A Tikopia, dans les cérémonies religieuses, les femmes ne peuvent prendre elles-mêmes leur nourriture ; elles la reçoivent des hommes qui la leur donnent négligemment en la jetant derrière leur dos.

Le mari ne porte pas le deuil de sa femme, mais la femme le porte longtemps de son mari et elle ne peut se remarier que sous certaines conditions quand elle ne fait pas, ce qui est assez général, partie de la succession, au même titre que les objets ou le bétail.

A Madagascar, il en est ainsi ; la dernière reine, Ranavalo, hérita non seulement de tous les biens de son mari Radoma, mais de toutes ses femmes *qu'elle dut garder à titre d'épouses*. (Il lui fut en conséquence défendu de se remarier mais on lui laissa la liberté de prendre des amants parmi ses ministres.

Dans d'autres tribus de l'Afrique, la coutume est féroce pour la veuve. Dans le Jourriba, quand le roi vient à mourir, quatre de ses femmes sont obligées de s'emprisonner. A Jenna sur le Niger, à la mort du chef, une ou deux de ses veuves doivent se suicider.

A la mort du roi de Dahomey, des massacres honorent ses funérailles; il en est de même à Viti. — Chez de peuplades moins sauvages, des mutilations sont seulement imposées aux femmes; chez les Mélanésiens, chez les Hottentots, elles doivent s'amputer le petit doigt; en Polynésie, elles se zèbrent la face et le corps de coups de couteau, toujours obligatoirement.

Je me suis demandée ce que la servitude cruelle et outrageante qui pèse sur la femme noire pouvait avoir fait de son âme ? Les anthropologistes et les sociologues ne s'occupent que physiquement et socialement de la femme : ils nous apprennent qu'elle est beaucoup plus petite que l'homme — assez belle nécessairement lorsque la race est belle — mais d'une hideur encore plus repoussante que celle de l'homme lorsque la race est laide. — Du reste la coquetterie n'y remédie pas, car les plus beaux tatouages, les plumes, les verroteries sont réservés aux hommes.

Mais j'ai trouvé dans les récits des voyageurs de précieux renseignements sur le moral de la femme noire. Ces voyageurs sont les tout premiers explorateurs du monde africain; les plus récents ne s'occupent guère de l'âme féminine. En missions nombreuses et bien armées, ils s'ouvrent dans le continent noir un chemin rouge; la femme est pour eux la porteuse de fardeaux, souvent, dit-on, le butin donné en récompense à leurs soldats...

Mais voici ce qu'en dit Mungo-Park :

« Les nègres m'ont quelquefois bien accueilli, mais
» quelquefois très mal; dans quelques-uns l'endurcisse-
» ment produit par l'avarice, dans d'autres l'aveuglement
» du fanatisme avait fermé tout accès à la pitié. Je ne me
» rappelle pas un seul exemple de dureté de cœur chez
» les femmes. Dans ma plus grande misère et dans
» toutes mes courses je les ai constamment trouvées
» bonnes et compatissantes ; et je peux dire avec vérité,
» comme l'a dit éloquemment avant moi mon prédéces-
» seur M. Leydyard : je ne me suis jamais adressé
» décemment et amicalement à une femme que je n'en
» aie reçu une réponse amicale et décente. Si j'avais faim
» ou soif, si j'étais mouillé ou malade, elles n'hésitaient
» pas, comme les hommes, à faire une action généreuse.
» Elles venaient à mon secours avec tant de franchise
» et de bonté que, si j'étais altéré, le breuvage qu'elles
» m'offraient en prenait une douceur particulière si
» j'avais faim, l'aliment le plus grossier me paraissait
» un mets délicieux. »

René Caillé rend aux femmes noires le même témoignage. Pendant une maladie de cinq mois qu'il fit dans un village non loin de Tombouctou, il ne dut son salut qu'aux soins d'une vieille femme dont le dévouement fut complet.

La sollicitude, la tendresse des femmes noires pour leurs enfants sont aussi admirables, au dire des voyageurs :

« J'ai remarqué avec satisfaction, dit encore Mungo-
» Park, que la sollicitude maternelle se portait non

» seulement sur l'accroissement et le soin du corps,
» mais aussi, jusqu'à un certain point, sur le développe-
» ment des qualités morales de l'enfant, car une des
» premières leçons qu'apprennent à leurs enfants les
» femmes mandingues est le respect de la vérité. La
» seule consolation d'une malheureuse mère dont le
» fils fut tué par des brigands maures, était de penser
» que le pauvre enfant, dans le cours de son innocente
» vie, n'avait jamais dit un mensonge. »

Les mœurs de la race noire sont intéressantes à étudier, car cette race représente le premier stade de l'humanité ; elle est l'image de ce que fut notre propre race, il y a des milliers et des milliers de siècles.

Nous avons été autrefois ce qu'elle est actuellement, il est bon de se le rappeler. La dépendance dans laquelle nous essayons encore de tenir les femmes, le mépris latent qui, au fond de nous, persiste pour elles, viennent en droite ligne de nos hideux ancêtres Zoulous ou Boschimans de l'Europe préhistorique. Ils sont les restes du parasitisme de l'homme qui vécut du travail de la femme, et trouvant agrément et utilité à sa possession, l'érigea en principe social.

*
* *

La race rouge ou cuivrée couvrait autrefois l'Amérique, du Groenland à la Terre de Feu ; aujourd'hui elle n'y subsiste que sur des territoires de plus en plus restreints ; l'Européen la déloge, elle fond devant lui, pour ainsi dire chimiquement, comme la neige sous le sel.

Ces peuplades, destinées sans doute à disparaître,

sont cependant encore nombreuses et le sort de leurs femmes doit nous préoccuper.

Les avis des sociologues sur la condition de la femme chez les Peaux-Rouges sont assez contradictoires et il est difficile de prendre parti.

Le mariage, chez lez Peaux-Rouges, a lieu par achat et par capture. Les Papyros du Nouveau-Mexique mettent leurs femmes à l'encan ; c'est la preuve certaine de l'avilissement de la femme. Cependant, chez les Guaranis, les parents, avant de vendre leur fille, exigent que l'acquéreur ait fait montre de courage guerrier ou d'adresse à la chasse ; cela indique un souci de l'avenir des filles, que le guerrier brave ou l'adroit chasseur pourront mieux nourrir ou défendre — souci qui n'existe pas chez les hommes de race noire uniquement préoccupés du gain à toucher.

D'autre part, le clan américain est basé sur la filiation utérine ; il comprend tous les descendants en ligne féminine d'une mère ancêtre. Les enfants portent le nom de la mère, et les femmes, au dire des voyageurs, y exercent une certaine influence. — Le missionnaire Arthur Wright écrivait en 1873 : « Il est d'usage que » chez les Santi-Dakotas, si une femme est maltraitée » par son mari, la belle mère a le droit de reprendre sa » fille : le pouvoir du mari fléchit devant le sien. »

Chez les Wyandots, il y a, dans chaque clan, un conseil composé de quatre femmes élues par les chefs de famille. Ces quatre femmes choisissent un chef de clan parmi les hommes. Le conseil de la tribu est formé par l'ensemble du conseil des clans ; il est donc constitué aux quatre cinquièmes par les femmes. Mais le chef de la tribu est choisi par les chefs des clans.

Chez les Selischs, les cabanes contenant les provisions sont confiées aux femmes et le mari lui-même n'y doit rien prendre sans leur autorisation. — Le mari ou le fils commande dans les bois, dans la prairie, mais dans l'intérieur du vigwam, c'est la femme la plus ancienne ou la mère qui gouverne et assigne à chacun sa place.

Les femmes jouiraient donc d'une notable influence, ces faits semblent le prouver. Cependant d'autres faits, tout aussi certains, démontrent le contraire. Chez les Peaux-Rouges, en général, dit Letourneau, tous les travaux pénibles incombent à la femme, sauf la fabrication des armes : c'est elle qui prend soin du ménage, qui fait la cuisine, prépare les peaux et les fourrures, recueille le riz sauvage, laboure, sème et récolte le maïs et les légumes, fait sécher les viandes et les racines pour les provisions d'hiver, confectionne les vêtements, les colliers, etc.

Elle travaille même à la fabrication des canots d'écorce, mais alors l'homme veut bien lui venir en aide. Hors de là, ce dernier se borne à chasser, à guerroyer, à fumer, à manger, à boire et à dormir. A ses yeux le travail est un déshonneur. Telles sont les mœurs des Peaux-Rouges actuels.

De ces faits contradictoires, pouvons-nous tirer une conclusion unique, ou devons-nous nier les uns et accepter les autres? Ce dernier parti me semble impossible car les auteurs qui les relatent sont bien renseignés et de bonne foi — il vaut mieux les concilier en une supposition qui est peut être la vérité.

Nous pensons donc que la femme, en ces pays, est traitée comme le sont en Europe les prolétaires, c'est-à-dire qu'à elle, comme à eux, incombe tout le travail, toutes les corvées, toute la misère, mais qu'elle n'est pas ouvertement méprisée, qu'elle jouit de certains droits assez illusoires — toujours comme nos ouvriers, — concessions que lui conféra jadis, sans doute, une ancienne polyandrie.

En résumé, on peut établir que chez les sauvages du Nouveau-Monde, la femme tout en étant très misérable, l'est cependant un peu moins que la femme de race noire.

Ce résultat est dû à la polyandrie qui persista longtemps chez ces peuples; peut être aussi à la vie en commun dans ce qu'on appelle les longues maisons.

Sans nul doute, la brutalité de l'homme trouva un frein dans la vie en communauté qui dut établir chez les femmes des liens de solidarité. Cette solidarité put devenir une force, pas très considérable, mais assez résistante cependant pour obliger les hommes à un peu plus de douceur.

***

Avec la race jaune nous entrons chez les peuples civilisés : quel sort ont-ils fait à la femme?

La civilisation des Chinois remonte à la plus haute antiquité, cela est connu; mais ce qui est particulièrement curieux et la distingue de toutes les autres civilisations, c'est qu'elle s'est pour ainsi dire pétrifiée dans son évolution.

Sur sa surface tranquille, aucun progrès ne se manifeste depuis quatre mille ans. (1)

---

(1) Si nous en exceptons des projets de constitution non encore appliquées.

Cependant il est impossible que dans ses profondeurs ne se produisent pas des modifications qui nous échappent.

Le granit, le marbre, les métaux les plus durs évoluent, mais avec une lenteur que la brièveté de notre propre vie ne nous permet pas d'observer. La Chine doit donc évoluer, mais si lentement qu'on peut la considérer comme immobile.

Une des principales causes de l'immobilité de la civilisation chinoise est sa toute particulière structure sociale, structure tellement forte, tellement serrée, qu'elle s'oppose au passage de tout élément de transformation.

La famille, non cette vague famille composée, pour un temps, du père, de la mère, des enfants, la famille *instable* dont parle Le Play, mais la famille dans son acception romaine, demandant pour être formée un état social déjà avancé, avec son chef au pouvoir absolu, avec tous ses membres descendants ou collatéraux intimement liés les uns aux autres, habitant sous le même toit, unis dans le culte des ancêtres porté jusqu'à l'idolâtrie et donnant aux liens familiaux un caractère sacré, — la famille est la base de la société.

Elle est la cellule organique dont la multiplication a constitué le tissu le plus résistant et le plus impénétrable.

Chaque individu y a sa place marquée d'avance en venant au monde; la mort seule de ses ascendants lui permet une lente progression.

L'autorité du père de famille est sans limites. Elle est soutenue par la Loi qui punit de peines sanglantes et terribles tout manque de respect envers les parents, ce qu'elle nomme le crime d'impiété. Est impie qui insulte ses parents, qui leur intente un procès, qui ne porte pas leur deuil, qui ne respecte pas leur mémoire!

Le père choisit la carrière de ses enfants, les marie sans les consulter et, comme autrefois à Rome, le gain du fils appartient au père.

Un tel système arrête l'essor de l'individualisme, et sans l'individu libre et agissant énergiquement, il n'est point de progrès.

Mais le Chinois est éminemment conservateur; infiniment respectueux des volontés, des usages, des manières de penser de son père et de tous ses aïeux. Ce qu'ils firent, il le fait avec piété, avec bonheur. Le passé est son modèle, son guide, sa gloire, sa religion. Si le progrès est notre idéal, l'immobilité est le sien.

Cet aperçu de l'organisation sociale de la Chine, va nous donner la clé de la condition de la femme dans ce pays.

L'homme âgé, le père de famille étant une sorte de roi domestique, tous les membres de la famille lui sont fidèlement soumis et par conséquent, et à plus forte raison, la femme.

C'est dans la famille ainsi constituée que triomphe, éclatant, durable, révéré, le droit du plus fort...

Les fils, courbés sous le joug des pères, unis entre eux, édictant des lois, créant la toute puissante opinion, attendent patiemment leur tour de despotisme; les filles n'ont qu'à obéir.

La condition de la femme est, en Chine, immensément misérable.

La petite fille ouvrant les yeux à la triste lumière qui règne dans les maisons chinoises, toujours masquées de jalousies, n'ayant vue que sur des cours closes de murs ou des jardins abrités de tout regard, est aussitôt repoussée par son père qui, s'il n'a que des filles, dit qu'il n'a point d'enfant, méprisée par ses frères, considérée par tous comme une preuve de la malédiction du ciel. Elle ne répond pas à l'appel d'un doux prénom, mais à un numéro d'ordre : Première née, Deuxième née ; elle apprend bientôt qu'à sa naissance, elle fut déposée à terre sur des chiffons pour marquer son abaissement, et que, lorsque son père la présenta à l'autel des ancêtres, il présenta également des briques et des tuiles, symboles de la vie de la femme car les briques sont faites pour être foulées aux pieds et les tuiles pour être exposées à toutes les injures de l'air.

La jeune Chinoise grandit dans l'ignorance, nul ne se donnant la peine, énorme il faut l'avouer, de lui enseigner les cinq ou six mille caractères indispensables pour lire, et le monde merveilleux et charmant, créé par cent générations de poètes, lui demeure à jamais interdit.

La broderie et les soins du ménage sont ses seules occupations; quelques maximes de Khong-Fou-Tseu ou de Meng-Tseu, son unique nourriture intellectuelle : « Une femme, lui répète-t-on à satiété, doit être dans la maison comme une pure ombre ou un simple écho », car l'ombre n'a d'autre forme que celle que lui donne le corps et l'écho ne dit précisément que ce qu'on veut qu'il dise.

Lorsqu'elle a six ans, on s'occupe de la déformation de ses pieds, le Chinois étant absurdement épris des petits pieds : les femmes à grands pieds sont pour lui des objets d'horreur.

La Chinoise, elle-même, rompue aux fantaisies de

son maître, considère les pieds minuscules comme u[n]
suprême beauté. Pour en doter sa fille, elle la condam[ne]
à un long supplice : elle serre ses pieds dans des band[e]-
lettes qui gonflent et tuméfient ses chairs, provoque[nt]
des plaies, broient les orteils, font de ces pieds
grotesques moignons, des espèces de sabots de chèvre[.]
A ce régime, la jeune Chinoise acquiert une démar[che]
trouvée par tous pleine de grâce : elle s'avance e[n]
sautillant et, pour retrouver un peu d'équilibre, les br[as]
étendus en guise de balancier.

Un jour la jeune « Première née » ou « Deuxiè[me]
née » quitte le toit paternel pour la demeure d'[un]
époux. Elle y retrouve la même pénombre, des mu[rs]
ornés d'analogues sentences, incrites sur même papi[er]
rouge, des jardins également enclos et silencieux.

La seule nouveauté sera son mari et la famille de s[on]
mari : son mari, un homme qu'elle n'aura pas mêm[e]
entrevu avant la nuit de son mariage, qui l'aura payée [à]
son père à beaux deniers sonnants, mais sans l'avo[ir]
lui-même choisie, — car les mariages sont combinés p[ar]
les pères pour leurs enfants aux berceaux, quelquefo[is]
avant leur naissance, dans l'hypothèse de sexes différe[nts]
— son mari, un homme qu'elle appellera : « Seigneur [»]
devant lequel elle n'osera ni s'asseoir, ni manger, et q[ui]
pourra impunément la battre, la priver de nourritu[re]
ou, qui pis est, la louer pour un temps comme cela [se]
pratique dans la province de Tche-Kiang, — la famille [de]
son mari, c'est-à-dire tous ses ascendants et collatéra[ux]
vivant dans la maison et auxquels la nouvelle mari[ée]
doit obéissance absolue, soumission, respect, am[our]
filial.

Ainsi sa vie s'écoulera obscure et douloureuse.

seul événement pourra en détourner le morne cours : la mort de son mari. Par les soins de la famille du défunt, elle sera alors remariée, c'est-à-dire revendue, et, cette fois encore, sans connaître son nouvel acheteur, sans savoir même son nom ; et pauvre esclave hébétée, elle changera de prison et de mari, séparée pour toujours de ses enfants !

Cet état abject et misérable est compréhensible. En Chine, nulle force n'intervient en faveur de la femme.

Le pouvoir des cinq causes habituelles de l'amélioration de la femme a été émoussé par diverses circonstances, quand ces causes ont existé.

La polygynie donne, il est vrai, à la première femme, « la grande femme », une autorité sur les concubines appelées « petites femmes », mais la misère de celles-ci s'accroît de toute cette autorité, à coup sûr, injuste et jalouse. Et le don précieux de la beauté, que la polygynie octroie d'habitude à la femme, s'est tourné, grâce aux goûts dépravés des Chinois pour les perfections artificielles, en lents et cruels supplices : la confection des petits pieds, des longues tailles fines nécessitant le corset, et la diète et toutes sortes de privations pour combattre l'embonpoint inséparable de la claustration coutumière.

La polyandrie n'exista en aucun temps chez ce peuple paisible de cultivateurs, bien à l'abri derrière ses murailles. Il n'eut jamais ses femmes enlevées par de rapaces voisins ; elles ne devinrent donc ni rares ni précieuses.

Par la même raison, les Chinois ne capturèrent pas les femmes des autres peuples, amenant comme butin cette quantité d'esclaves qui, chez les peuples guerriers, les Romains par exemple, rendit la dot nécessaire.

Le père de famille n'intervient donc jamais dans la nouvelle famille de sa fille. Il n'a pas à surveiller la dot.

L'hétaïrisme a, comme dans les autres pays, apporté quelque adoucissement au sort de la femme en libérant partiellement les femmes qui s'y adonnent, mais ses bienfaits ne se sont pas étendus sur la généralité des femmes : la courtisane enrichie ne s'est pas mariée apportant ses gains en dot, et le mariage n'a pas eu à en subir la moindre modification. L'instruction que l'on donne à la courtisane, la musique, le chant, la poésie, la danse, l'équitation, l'acrobatie même, — car les courtisanes chinoises dansent sur la corde avec leurs petits pieds atrophiés et font, comme nos écuyères, des exercices debout sur le dos d'un cheval, — toute cette éducation très complète n'a jamais, sur le désir des maris, été donnée à leurs femmes légitimes.

La contagion de l'exemple, si profitable ailleurs pour la femme au foyer, a été ici comme non avenue.

La caste, enfin, n'a pu lui apporter ses bienfaits, puisqu'en Chine elle ne s'est pas formée, le mandarinat n'étant pas héréditaire, la société chinoise, comme nous venons de le voir, étant basée sur la famille, et la constitution de la famille elle-même reposant sur la servitude publique et privée de la femme, servitude que l'opinion, la législation, les mœurs consacrent et éternisent.

En 1902, l'Impératrice de la Chine promulgua un décret *exhortant* les familles mandarinales à ne plus permettre à leurs femmes de se bander les pieds.

Est-ce le commencement d'une ère nouvelle? Est-ce la suppression de l'esclavage féminin, et cette conquête peut-elle compter parmi les plus importantes concernant les conquêtes du féminisme, ainsi que cela a été dit?

Oui et non. Oui, au point de vue moral c'est immense. Qu'au lendemain d'une guerre désastreuse — qui lui enlève de la force et du prestige — un chef de gouvernement proscrive un usage cinquante fois séculaire, c'est la preuve que l'idée, l'idée libératrice continue son lent chemin, qu'elle s'infiltre dans le monde jaune, qu'elle est allée frapper le petit front rigide de la Souveraine. Mais hélas! sans aucun doute, ce décret restera lettre morte.

Comment un simple décret qui exhorte à renoncer à cette coutume nuisible « au développement du corps », mais que ne soutient aucune mesure répressive, aucune peine attachée à son infraction, — il est dit au contraire : « Défense aux mandarins et à leurs satellites de prendre prétexte de nos paroles pour causer des difficultés aux gens du peuple », — comment ce presqu'amical *conseil* aurait-il la puissance d'abolir les lois de l'esthétique, de supprimer un goût inné, une passion, une habitude si vieille dans la race qu'elle est devenue une seconde nature?

Le décret a été promulgué; les mandarins, nous n'en doutons pas, l'auront reçu avec déférence, avec soumission, avec mille et mille promesses de s'y conformer; ils le feront connaître à leurs administrés qui s'inclineront saisis de respect.

Et puis? — Peint sur le velin en lettres de pourpre et d'or, enjolivé du dragon jaune, il ira, dans le Chanyu-Ting ou salle des Saints-Édits, grossir le tas vénéré des ordres impériaux, et les tortures des innocentes victimes continueront au fond des gynécées où personne ne pénètre, où la volonté impériale n'a point accès.

Du reste, en nul pays, les lois, les institutions, les discours ne modifient les *mœurs*. Les lois changent les lois, les institutions changent les institutions, les discours ne changent rien, car pour changer les mœurs il faut des causes profondes, foncièrement perturbatrices de la structure sociale, des causes s'attaquant au cœur même de la race.

Le décret de l'Impératrice ne changera donc rien au sort misérable de la femme.

Pour qu'une amélioration sensible survienne dans sa condition, il faudra de grands bouleversements.

Laissons donc se désagréger l'Empire Chinois; que sa décadence suive son cours; que ses princes de la dynastie tartare-mandchoue s'éteignent stériles et dégénérés; que son territoire soit morcelé et partagé entre ses avides voisins, ses provinces éventrées par nos chemins de fer, son sol creusé de mines, hérissé de fabriques et d'usines, et que l'antique Empire du Milieu devienne le plus grand centre manufacturier du monde.

Alors, peut-être, les Chinois européanisés, pénétrés du grand souffle des idées modernes, comprendront que les droits de l'individu sont plus sacrés que ceux de cette entité appelée *famille*, et que la femme et l'homme ont droit à une égale liberté, à un bonheur pareil.

*
* *

Dans les annales de la civilisation, l'histoire des Japonais est unique et merveilleuse.

Depuis un quart de siècle, un grand courant de

ne sûreté de but dont il n'y a pas d'autre exemple au monde.

En vertu du principe sus-énoncé : plus un peuple est loin de la civilisation, plus l'esclavage de la femme est absolu et, à mesure qu'il s'en rapproche, la condition de la femme s'améliore, — il est obligatoire que la libération de la Japonaise suive du même pas la civilisation du pays.

Et, en effet, les droits de la Japonaise ont été acquis avec une surprenante rapidité.

En Asie, dans le monde jaune, elle représente une curieuse et brillante exception. Sa condition sociale est égale à celle de la plupart des Européennes.

Dans le mariage, elle a les mêmes droits que la Française, à peu de chose près. Cependant le mari a plus de facilité pour le divorce que la femme.

La Japonaise peut diriger un commerce en son nom et le fait souvent avec succès.

Elle n'a pas encore obtenu le droit d'être docteur ou avocat, ni celui de voter.

Ce sont des concessions qu'elle obtiendra dans l'avenir le plus rapproché.

Il est juste de dire que, même avant ce grand mouvement progressif du Japon, la femme y était déjà plus libre et moins maltraitée que dans les autres parties de l'Asie.

L'hétaïrisme, cela est bien manifeste, avait été depuis des siècles la porte de salut de la Japonaise. Presque toutes les jeunes filles le pratiquent avant le mariage ; leurs parents les louent soit à des particuliers, soit à des maisons de prostitution pour quelques années, de quinze à vingt-cinq ans généralement. Elles amassent une dot, viennent en aide à leurs vieux parents, et *nul déshonneur ne s'ensuit.*

Les maisons de prostitution forment de vastes et luxueux quartiers, les hétaïres y sont logées dans de beaux appartements, elles y sont instruites dans les arts de la danse, du chant et de la poésie, et comme aucune tare ne s'attache à leur métier, elles se marient ensuite sans difficulté.

Les hommes les plus respectables les recherchent en mariage et continuent à les entourer du respect auquel elles sont accoutumées.

Les plus belles prostituées deviennent célèbres et leurs portraits sont suspendus dans les temples.

* *

Pour toutes les nombreuses peuplades qui habitent au nord de la Chine, dans la Mongolie, la Mandchourie, la Sibérie, le Kamtchatka, jusqu'au pays qui borde l'Océan glacial du Nord, la femme est un être immonde et privé d'âme.

Principale cause de sa dégradation : elle est *achetée* à ses parents.

Elle est beaucoup plus petite que l'homme, par conséquent beaucoup plus faible, autre cause non moins importante de son asservissement.

Dans quelques-unes de ces peuplades, les femmes ne reçoivent pas de nom, pas même le numéro d'ordre des chinoises : ce sont des *femmes*, dernier terme du mépris!

Elles portent souvent sur la poitrine un ornement appelé *frein*.

Les femmes tartares Kotslainzi portent aussi une pièce d'étoffe appelée *esclavage*.

Chez les Kolkhas, peuple errant des steppes de Mongolie, la vie est douce et pleine de quiétude pour l'homme. Il conduit à cheval ses troupeaux au pâturage; ses plus grandes expéditions consistent en la poursuite de quelques chèvres ou brebis égarées, puis il passe le reste du temps sous la tente, buvant du thé au lait ou au beurre, fumant sa pipe, jouant aux cartes avec ses voisins tandis que ses femmes puisent l'eau, traient les vaches, vont ramasser la bouse des animaux pour le chauffage (1), préparent les aliments, la laine et les peaux de bêtes pour les habits, les chaussures et les harnais.

L'époux mongol, las de la femme qu'il a achetée, peut la renvoyer à ses parents sans donner la moindre raison; il perd seulement les bœufs, les chèvres ou les moutons dont il l'a payée. L'usage de cet abandon a dû s'établir parce que les parents refusent souvent de se dessaisir des animaux autrefois reçus; mais il acceptent sans difficulté l'épouse renvoyée parce qu'ils s'empressent de la revendre.

Les Ostiaks, les Samoyèdes, hordes crasseuses et puantes, errant plus au nord, déclarent les femmes impures.

Il va sans dire qu'elles sont chargées des plus rudes et des plus vils travaux : nettoyage du gibier et du poisson, préparation des peaux; en outre les femmes montent et défont la tente, chargent et déchargent les

---

(1) Cette bouse desséchée, les *angols*, est le seul combustible de ces pays qui n'ont pas de forêts, pas même d'arbres isolés et dont les habitants ne savent pas exploiter les nombreuses mines de houille qu'il doit contenir.

traîneaux ; elles ne mangent pas avec les hommes et se contentent de leurs restes ; elles doivent, avant de pénétrer sous la tente, se purifier avec du poil de renne brûlé et purifier tout ce qu'elles touchent, même le traîneau.

Donc, dans tous les pays au nord de la Chine, parmi ces steppes immenses où règnent le froid et la désolation, règne aussi le pouvoir arbitraire de l'homme, créateur de l'injuste abaissement, de la misère et de la souffrance de la femme.

Un seul pays dans ces régions a échappé à ce triste état de choses ; le Thibet, où la polyandrie est établie depuis de longs siècles, respecte et estime la femme.

Elle est vraiment la *matriarche*, souveraine sous sa tente, au milieu de ses cinq ou six maris, généralement frères ; elle a des droits et une grande autorité, elle est forte, belle et intelligente. Une seule obligation lui est imposée, mais assez désagréable, celle de se barbouiller la figure avec une sorte de colle noire et poisseuse, pour ne pas éveiller trop d'admiration.

**

Si la famille écrase l'individu en Chine, si elle est l'obstacle qui arrête tout progrès, la division du peuple en castes a produit exactement dans l'Inde le même résultat. Comment demander de l'initiative, des talents, des œuvres remarquables à des hommes condamnés par la société à ne jamais sortir de la condition dans laquelle le hasard les a fait naître.

Cependant cette même hiérarchie, funeste au développement régulier de la civilisation, est favorable au sort de la femme : la caste étant pour elle un moyen de rachat.

Dans l'Inde ancienne, les femmes des hautes classes, rahmanes(1) et Kchatryas (2), on le voit par les anciens poèmes, jouissaient de la plus parfaite liberté. Sacounala, la fille adoptive d'un savant brahmane, recevait es étrangers et exerçait envers eux l'hospitalité.

On admettait les femmes comme témoins dans les tribunaux, même leurs témoignages étaient reçus de préférence lorsque l'accusée était une femme.

Malheureusement les Musulmans introduisirent dans l'Inde leurs habitudes de précaution jalouse contre les femmes, qui perdirent leurs privilèges.

Par ailleurs, le code de Manou qui régit l'Inde, est dur pour les femmes.

Il proclame leur incurable infériorité, leur légèreté, leur corruption, leurs instincts pervers. Pour les hommes, au contraire, il déborde d'indulgence, excuse leur adultère, tandis que celui des femmes est puni de mort.

Ce mépris enseigné par la loi, joint aux exemples des Musulmans, fit perdre à la femme les avantages que lui avait procuré la hiérarchie sociale.

Cependant, encore aujourd'hui, la femme est moins malheureuse dans l'Inde que dans les autres parties de l'Asie.

Jamais, il est vrai, elle n'appelle pas son mari par son nom, mais « Maître » et « Seigneur », lui la nomme « loundri », c'est-à-dire servante, esclave. Elle ne s'asseoit pas à sa table et reste debout, prête à le servir. Les parents négocient le mariage de leurs filles sans s'occuper du goût des futurs époux ; ils ne pensent qu'à la caste et à la fortune.

---

(1) Prêtres, (2) guerriers.

La jeune fille est mariée (mariage par achat), souvent dès l'âge de huit ans et souvent aussi à un sexagénaire.

Cependant la femme indoue n'est ni trop maltraitée, ni condamnée à de plus pénibles travaux que ceux de l'homme.

Dans les classes inférieures, elle partage le travail, quel qu'il soit, de son mari, mais elle est un compagnon de labeur, non une esclave qui peine pendant le repos du maître.

La femme indoue, enfin, n'est pas captive dans un harem ; elle sort le visage découvert et elle est belle.

Être belle pour une femme implique le bonheur, et même plusieurs générations de femmes heureuses. La misère, les fatigues, les privations, la captivité produisent la laideur immanquablement.

Les membres se déssèchent, le dos se voûte, la peau se ternit, se durcit et s'éraille, les traits se déforment et grossissent. La souffrance, les larmes enlèvent aux yeux tout éclat, aux joues toute fraîcheur.

La beauté, pour éclore, demande une vie douce et oisive, à l'abri du froid qui gerce, du soleil qui brunit, une nourriture saine et abondante, de longs repos, un exercice modéré et de la gaieté, de la joie pour donner à la physionomie une expression aimable et vivante.

La femme, dans ces conditions, devient, non l'être idéal qu'elle sera demain, mais le gracieux petit animal, joli et rusé, caressé et méprisé, tant apprécié par l'homme, son maître.

La beauté des femmes indoues qui réunit, disent les poètes, les traits suivants : une chevelure fournie comme la queue d'un paon, assez longue pour atteindre jusqu'aux genoux et terminée en boucles soyeuses, des sourcils ayant la forme de l'arc-en-ciel, des yeux d'un bleu de saphyr, un nez droit comme le bec d'un faucon, des lèvres brillantes telles que le corail, enfin des dents petites, régulières et serrées, semblables aux boutons de jasmin, la beauté des femmes, disons-nous, doit nous être une preuve de leur sort supportable dans l'Inde.

Néanmoins la condition des veuves est déplorable. Comme autrefois, — cet autrefois n'est pas très lointain puisqu'en 1822, Dumont-d'Urville assista à la crémation d'une veuve vivante — elles ne sont plus condamnées à être brûlées vives sur le bûcher de leur mari, le gouvernement anglais ayant fait tous ses efforts pour détruire cette horrible superstition, mais elles doivent absolument renoncer au monde.

La tête rasée, sans aucun ornement, elles végètent tristement au fond de leur demeure, dans un veuvage perpétuel sous peine d'infamie, dans la crainte d'être chassées de leur caste, rejetées au rang des *soudras* (1). Elles ne peuvent faire qu'un repas par jour et ne doivent jamais dormir dans un lit.

L'origine de cette sévérité, et celle du sacrifice de la veuve sur le bûcher de son mari, sont attribuées par les gens du pays à la raison qu'il y a plusieurs siècles, les femmes se défaisaient de leurs maris par dégoût ou par inconstance. Les plus affreux supplices ne suffisant pas pour arrêter ces crimes, les brahmanes imaginèrent d'ordonner que les femmes seraient brûlées, en même temps que le corps de leurs maris, et par ce moyen les intéressèrent à leur conservation.

Ce moyen doit, en effet, être très efficace, cependant

---

(1). La dernière des castes, profondément méprisée, celle que l'on appelle à tort *paria*.

Sumer-Maine donne de l'origine de la crémation suttï de la veuve, une autre raison, peut-être meilleure.

C'est, dit-il, une raison économique qui fit instituer ce usage des sutties; d'après certaines lois assez compliquées, la femme veuve hérite; la supprimer l'empêch donc d'accaparer les biens.

* * *

Le Koran proclame l'infériorité de la femme.

« La femme formée de la côte de l'homme, dit c livre sacré, est un os naturellement courbé, rien ne peu le redresser », et le Koran, reconnaissant la supériorit masculine, approuve le mariage par achat et permet a mari de brutaliser sa femme.

Non seulement dans les pays musulmans nous retro vons la femme telle que nous sommes bientôt accoutu més à la voir chez tous les peuples, nègres, mongols o peaux-rouges, c'est-à-dire condamnée aux travaux d ménage, au transport des fardeaux et des tentes, à l culture, à l'industrie, mais encore et par surcroît comm si ce n'était pas assez de toutes ces misères, les musul mans par une jalousie stupide, cloîtrent la femme dan des harems ou l'empaquettent dans des voiles étouffant

La malheureuse femme Ostiak ou Guaranis, Man choue ou Hottentote, a, du moins, parmi les travau incessants et les coups, la liberté de la chèvre attaché au piquet qui peut aller et venir le long de sa corde; l femme Turque n'a pas cette minime indépendance. Ell est prisonnière, vraiment prisonnière sous des verrou derrière des grilles, avec des geôliers. Cette prison e douce dit-on. Qu'en savons-nous? Nous ne somm sûrs que d'une chose, c'est que c'est une prison.

Les Persans portent à un degré plus grand encore que les Turcs l'art de séquestrer les femmes. Chez eux les murailles s'élèvent plus hautes : elles sont doubles, elles sont triples. Les gardiens sont plus nombreux, les voiles plus impénétrables. Tout homme doit détourner les yeux au passage d'une femme. Lorsque les épouses du Shah quittent leur résidence d'hiver pour leur palais d'été, toutes les maisons de la ville se ferment, le désert se fait devant elles ; un homme qui se trouverait sur leur passage serait puni de mort.

On se marie en Perse sans connaître sa fiancée. Le soir des noces, l'époux est conduit sans lumière dans la chambre de l'épouse : il la voit pour la première fois le lendemain, à la clarté du jour naissant.

Du moins, chez les Turcs et les Persans, la femme est exemptée de pénibles travaux. Mais la femme Kabyle s'en va à la fontaine, souvent très loin, en revient chargée d'une lourde cruche d'eau, vaque à tous les soins du ménage, et ses voiles ne la quittent pas, cachant son front, son nez et sa bouche, ajoutant à la fatigue la gêne, le manque d'air, une plus pénible chaleur.

Cependant, chez les Musulmans, deux légers progrès dans la condition de la femme se sont accomplis.

Les mariages, quoique conclus par achat, ne se font pas sans le consentement de la jeune fille. Comme il est admis que la pudeur doit lui ôter la parole, il lui est permis de témoigner sa répugnance en se couvrant la figure, son acceptation, en riant.

La femme mariée que son mari a le droit de répudier à son gré, en lui disant simplement : « tu es répudiée, » et en la renvoyant à ses parents avec le don d'une chamelle, a, de son côté, « le droit de rébellion » ; si elle est trop malheureuse, elle revient chez ses parents.

Ces deux progrès semblent peu importants; cependant il a fallu des siècles pour les réaliser et ils n'existent même pas chez les Kabyles d'Algérie, qui traitent les femmes comme de véritables esclaves. (1)

En revanche, les Touaregs laissent prendre à leurs femmes beaucoup d'ascendant sur eux. Elles ont des esclaves nègres qui leur épargnent toute occupation.

Malheureusement les Touaregs ont de singulières idées sur la beauté des femmes : ils n'estiment que la corpulence. Lorsqu'une femme n'a besoin que de deux esclaves pour l'aider à marcher tellement son embonpoint est grand, elle ne peut avoir de prétention. Une beauté parfaite doit constituer la charge d'un chameau; aussi pour obtenir cette perfection les jeunes filles sont martyrisées dès leur enfance : on les gorge littéralement de couscous et de lait, et pour les contraindre

---

(1) Mr Charles Barbet, procureur de la République à Sétif, nous donne dans le numéro du 14 février 1906, de *La Revue du Palais*, les détails les plus intéressants sur la condition de la femme musulmane en Algérie. Il proteste surtout avec une énergique indignation contre le mariage des impubères qui se pratique journellement dans notre colonie. Le père possède le droit de « djebr », qui lui permet de disposer de sa fille mineure au mieux de ses intérêts à lui père, et sans la consulter. Il peut accorder sa fille dès sa naissance, en stipulant que le mariage ne sera consommé que lorsque l'enfant sera nubile. Mais cette clause est très souvent tenue pour nulle, car le mari, impatient de posséder celle qui lui appartient légalement, exige que la jeune fille lui soit livrée prématurément et la consécration du mariage devient alors un véritable viol.

M. Charles Barbet entre dans des détails si révoltants qu'il nous est impossible de les relater ici. Nous ne citerons que le cas de l'indigène de Toniet El Harad. Cet homme, déjà marié, avait épousé une fille de onze ans. Il s'engagea à la respecter; mais un mois après, sa première femme, entendant des cris de détresse et de douleur, accourut et constata que son mari, pour triompher de la résistance de la vierge encore impubère, lui avait lié les mains derrière la tête et passé autour du cou une corde fixée au plafond.

à en avaler encore, on les frappe à coups de bâton.

Parmi les habitants du Caucase la condition de la femme n'est guère meilleure que chez les Arabes. Cependant chez ces petits peuples nous allons trouver trois heureuses exceptions.

Les Tcherkesses ou Circassiens, les Mingréliens et les Irimètes traitent fort bien leurs femmes. Il est vrai que chez eux la féodalité est en pleine vigueur, les rangs sont parfaitement tranchés, les classes les plus élevées oppriment les autres, et les femmes ont acquis les privilèges que comporte toujours la caste

En Mingrélie, dit un voyageur, les femmes sont très belles, leur esprit est naturellement subtil et éclairé; elles sont civiles, pleines de cérémonies et de compliments, mais du reste les plus méchantes femmes de la terre : fières, superbes, perfides, fourbes, cruelles, impudiques.

Il n'y a pas de méchanceté qu'elles ne mettent en œuvre pour se faire des amants, les conserver ou pour les perdre.

Quand un mari surprend sa femme avec un galant, il a le droit de le contraindre à payer un cochon et d'ordinaire, il n'en tire pas d'autre vengeance. Le cochon se mange entre eux trois.

Voilà, pour terminer cette longue et monotone revue, le tableau un peu moins sombre que nous avons gardé pour la fin, car nous avouons que la condition de cette superbe et déréglée Mingrélienne nous semble mille fois préférable à celle de la douloureuse bête de somme que nous avons trouvée par tout le reste de la terre.

CHAPITRE V

État actuel de la femme en Europe

Au premier coup d'œil, la situation de la femme chez les peuples d'Europe et des États-Unis d'Amérique est heureuse et brillante... La femme a acquis la fortune, source de force et partant d'indépendance; elle a acquis les privilèges du rang qui en ont fait un être de grâce exquise et délicate; par sa beauté elle enchaîne les hommes; le maître redoutable d'autrefois est devenu le chevalier servant, l'humble sigisbée, et la femme se joue de lui, le trahit et le ruine... Conquête plus précieuse : elle a pu développer son intelligence, s'instruire, créer des œuvres, *vivre* enfin à son tour; elle a pu contribuer au progrès social et apporter son admirable dévouement, non plus à la seule famille, mais à l'humanité; elle a conquis certains droits civils, non plus réservés à la femme de caste mais accordés au sexe féminin tout entier; elle a pu embrasser quelques professions, jusqu'alors domaine exclusif des hommes, et s'y distinguer; enfin l'égalité parfaite entre les deux sexes, considérée comme une chimère, est atteinte aux États-Unis : dans quatre états, le Wyoming, l'Utah, le Colorado et l'Idaho, les femmes sont électeurs municipaux et politiques et, dans d'autres pays où cette égalité est loin d'être un fait accompli, la femme n'est plus considérée comme inférieure : les romanciers et les poètes l'ont mise au premier rang de leurs préoccupations, ils la célèbrent, ils la divinisent à l'envi.

Voilà des généralités qui sont parfaitement vraies, nul n'en disconviendra; mais, si elles sont vraies en tant que généralités, le sont-elles particulièrement, complètement, de fond en comble? — Peuvent-elles s'appliquer à toutes les femmes ou seulement à quelques-unes? A un très petit nombre? Voilà ce qu'il est indispensable de connaître. — Avant de chanter victoire, comptons nos morts et nos blessés, mesurons le terrain gagné, et tâchons de ne pas prendre pour le gros de l'armée quelques éclaireurs aventureux.

Etablissons d'abord le bilan des progrès acquis, des droits reconnus aux femmes et *applicables à toutes*. Nous examinerons ensuite si ces progrès et ces droits sont *profitables à toutes* les femmes ou seulement à une catégorie de femmes, et lorsque nous aurons amassé suffisamment de faits et de chiffres pour pouvoir étayer un jugement, nous nous demanderons si la condition de la femme de race blanche civilisée est supérieure, égale ou inférieure à celle des femmes de race noire, rouge et jaune.

*

Les cinq causes déterminantes de tout progrès dans l'état social de la femme : la polyandrie, la polygynie, la dot, la caste et l'hétaïrisme ont dû nécessairement agir sur la condition de la femme européenne et elles ont dû agir, nécessairement aussi, en raison directe de l'intensité de chacune d'elle.

La polyandrie, si favorable ordinairement à la femme, n'a pas eu, chez les rameaux aryens qui peuplèrent l'Europe, d'existence reconnue, au moins aussi haut que remontent les connaissances historiques.

Quant à la polygynie, bien que César, dans ses Commentaires, raconte l'avoir vue franchement pratiquée par les Celtes du continent, elle ne paraît pas non plus avoir été légalement autorisée, et l'une et l'autre, polyandrie et polygynie, furent condamnées par les lois et les religions.

Cependant ce qui n'est pas permis par un code, conseillé par un précepte de morale, ce qui est méprisé par l'opinion publique, peut avoir néanmoins une vie cachée plus puissante et plus durable que les codes, les religions et les mouvements variables de la conscience populaire, si cette vie sort du fond de la nature même.

Du reste si la polyandrie, ou la polygynie ou encore la monogamie suffit seule à une nation jeune et encore barbare, une société grande et complexe exige ces trois formes d'union pour répondre à des besoins multiples et variés.

Dans les nations européennes, la polyandrie et la polygynie ont existé et existent encore à l'état occulte, cela est certain : tout homme qui a des maîtresses est polygyne, toute femme adultère est polyandre — et ces deux causes de l'amélioration du sort de la femme, toutes clandestines qu'elles aient été en Europe, ont produit leurs salutaires effets habituels, c'est-à-dire qu'elles ont donné de la force à la femme; mais n'ayant pas d'existence légale et religieuse, elles n'ont pu faire sentir leurs bienfaits par des articles de lois ou des maximes morales; elles se sont seulement exercées sur le physique et le moral de la femme.

La polygynie sélectionne les plus belles, affine et perfectionne le corps féminin, et comme elle créa la beauté orientale, elle a créé la beauté européenne, moins molle, moins alanguie, moins près de la perfection de lignes, mais toute pétrie de grâce, de vivacité et d'esprit. Telle, par exemple, qu'au dix-huitième siècle, Ninon de Lenclos et Madame du Barry en offrirent le type charmant.

La polyandrie, plus proscrite, plus exécrée encore que la polygynie, a cependant secondé puissamment la femme. Elle lui a donné de la force, de la sécurité, de l'audace; c'est elle qui a relevé ce pauvre front accablé, car la femme qui se sait aimée ou désirée par plusieurs hommes, sent croître son courage pour secouer la tyrannie d'un seul, et les despotiques usages insensiblement finissent par s'en trouver modifiés.

Tandis que ces deux forces cachées agissaient sourdement dans les profondeurs de la société, la dot et la caste luttaient au grand jour pour la libération de la femme.

A l'origine de toutes les nations européennes nous trouvons le peuple divisé en castes, dirigé par une noblesse et un clergé, et la femme de caste revêtue du prestige moral de cette caste ou profitant plus ou moins de ses privilèges.

Les druidesses et prophétesses dans l'ancienne Gaule, les nobles dames, baronnes, comtesses, princesses et reines, ainsi que les nonnes, abbesses et chanoinesses, constituèrent un type de femme recueilli par l'histoire, embelli par la légende, profondément admiré par le peuple. La grandeur, la majesté, la fierté devinrent vertus féminines. — Cela ne nous surprend point maintenant, mais songeons au chemin parcouru, comparons le chevalier croisé portant les couleurs de sa dame, à l'Ostiak appelant sa femme : « Imi », c'est-à-dire femme, parce que jamais une femme ne porte un nom, c'est un être trop vil, et à l'Indou appelant la sienne « loundri », ce qui veut dire esclave.

La dot apparut très tard chez les peuples modernes. L'achat de la femme est inscrit en toutes lettres dans quelques textes germaniques; chez les Burgondes la somme remise par le fiancé s'appelle *Wittimon*, chez les Francs le mariage *per solidum et denarium* est un souvenir de cet usage, et chez les mêmes Francs le prix payé par celui qui épouse une veuve, prix appelé *reipus* se rattache à la même idée. — L'usage d'acheter sa femme a laissé dans la langue sa marque indélébile : au XVe siècle on disait encore en Allemagne : acheter une femme et en France, au XIe siècle, un père *achetait* une femme à son fils.

Lorsque, sous l'empire des mêmes circonstances qui l'introduisirent à Rome, l'usage de la dot s'établit dans les sociétés modernes, il ne tarda pas à faire sentir ses effets bienfaisants et la condition de la femme en fut grandement améliorée.

Il est à croire que presque tous les avantages réels, les droits civils accordés aux femmes doivent être attribués à l'usage de la dot, à la fortune enfin acquise par elles; nous avons longuement développé cette opinion dans un précédent chapitre, nous n'avons pas à y revenir, mais lorsque le cas se présentera, nous ferons remarquer comment cette force considérable qu'est l'argent est intervenue et a fait fléchir la loi en faveur de la femme, lorsque, bien entendu, c'était celle-ci qui possédait.

* **

L'hétaïrisme, si favorable à la femme en Asie est pour elle, en Europe, le mal dont elle souffre peut-être le plus.

Il n'y a pas en ceci une contradiction avec ce que nous venons de dire de la polyandrie; la prostitution n'a rien de commun avec la polyandrie même cachée : l'une représente l'amour vénal et l'autre l'amour libre.

La vente de son corps fut toujours considérée en Europe comme la dernière des hontes et le mépris le plus violent s'attacha à cet acte. — Cette idée de réprobation n'est ni grecque, ni romaine, ni orientale, toute l'antiquité eut ses courtisanes sacrées.

Elle est hébraïque, elle a dû s'infiltrer chez les Germains, les Saxons, les Scandinaves à l'aide du Christianisme; peut-être aussi était-elle innée chez ces peuples que Tacite représente comme extrêmement chastes.

Quoiqu'il en soit, l'hétaïrisme considéré comme un opprobre ne dut être d'aucun secours à la femme européenne; bien au contraire, ce fut pour elle une cause d'avilissement; il la rendit un objet de mépris, mépris qui rejaillit sur tout le sexe féminin, il retarda et retarde encore l'égalité de l'homme et de la femme.

* **

Donner un simple aperçu de la condition de la femme en Europe et en Amérique, serait un travail qui dépasserait de beaucoup les bornes de ce livre; mieux vaut donc nous restreindre à l'étude d'un seul pays : la France.

Nous le choisissons parce qu'étant situé au centre de l'Europe, il n'est dans ses origines ethnologiques qu'un mélange de toutes les races : la latine s'y rencontre avec la germanique, l'ibérique y subsiste encore, la celtique le joint à la Grande Bretagne et les lois qui le régissent lui sont communes avec celles de presque tous les autres pays européens. Le droit romain leur fut, en effet, imposé à tous avec la conquête; plus tard, la loi salique qui n'est pas, comme on sait, seulement la loi de succession au trône, mais un code pénal, civil et de procédure, fut aussi adoptée par un grand nombre de peuples.

M. Paul Violet dit que, en outre de la Hesse et de la Franconie, où dominèrent les Francks, il convient de parler de la Lombardie jusqu'au Tyrol, où ils pénétrèrent avec Pépin le Bref et Charlemagne, et que leur droit fait sentir son influence non seulement chez ces peuples mais encore chez les Allemands, les Bavarois et même en Angleterre.

Ce droit fut modifié dans chaque pays par les mœurs particulières de ses habitants, par son climat, par ses conditions économiques, par ses vicissitudes historiques, mais quelles que furent les divergences, un fond identique persista, reste indélébile d'une essence commune. - Plus tard encore le code Napoléon fut adopté spontanément ou imposé par la conquête à plusieurs états, tels par exemple, la Hollande, la Belgique.

A cette communauté de races et de lois, s'ajoute aussi la communauté de religion. Le Christianisme qui, par sa même emprise sur les âmes, par l'influence qu'il exerce sur les mœurs et les gouvernements, leur communiqua à tous une semblable impulsion, ne put que contribuer à l'homogénéité de l'Europe.

Je ne crois donc pas trop m'avancer en pensant que la condition de la femme en France nous donnera une représentation assez juste de la condition de la femme en Europe, du reste je signalerai les différences très marquées lorsque nous les rencontrerons.

L'état actuel de la femme dans la famille peut s'envisager dans ses rapports avec son père, avec son mari, avec ses enfants.

Nous trouvons, sous le premier rapport de père à fille, d'immenses progrès accomplis.

Le père de famille est désormais un roi déchu; il a perdu le droit de vie et de mort sur ses enfants, il ne peut plus les vendre comme esclaves, il ne peut plus les marier sans leur consentement, il ne profite plus sa vie durant de leurs biens ou de ce qu'ils gagnent par leur travail.

Ces progrès sur la loi romaine étaient déjà en partie accomplis vers la fin de l'ancien régime. En pays de droit écrit, la puissance paternelle persista cependant encore longtemps quant aux biens. Au XVIIIme siècle le président Lamoignon réclama pour la France l'abolition de la puissance paternelle au sens romain ; il demandait que la majorité de vingt-cinq ans comportât éman-

-cipation. Ce vœu fut réalisé le 28 août 1792; un peu plus tard, la loi du 31 janvier 1793 fixa la majorité civile à l'âge de vingt et un ans.

A Limoges, deux mois avant cette loi fondamentale du 28 août 1792, un père émancipait encore son fils âgé de cinquante ans.

Pour réaliser ces progrès, il a fallu, non point le brusque coup de foudre d'une révolution, mais la poussée lente et ininterrompue de l'évolution de l'individualisme, se constituant aux dépens du groupe familial.

Tout le Moyen âge n'est qu'une lutte entre ces deux forces, lutte éminemment favorable à la femme.

L'homme jeune, s'insurgeant contre l'autorité sénile qui le paralyse pendant une partie de son existence, combat avec énergie et, obtenant enfin la délivrance pour lui, sans y penser peut-être, l'obtient aussi pour sa sœur; d'un autre côté, la caste et la dot travaillent si bien pour la femme — son propre effort, sa souffrance enfin révoltée y furent-ils pour quelque chose? il est permis de le supposer, — bref ces forces réunies s'entendent si complètement que, lorsque l'homme est proclamé libre à vingt et un ans, la femme, par hasard, est comprise dans cet homme-là.

C'est la première fois que, dans le langage du droit, — et cela ne s'est pas renouvelé depuis — le mot homme désigne l'individu de l'espèce humaine, sans distinction de sexes. Jusqu'alors « l'homme est libre » n'avait d'autre signification que : l'homme mâle est libre.

Oui la femme en France, aux yeux de la loi est égale à l'homme depuis sa naissance jusqu'à sa majorité, et le jour de cette majorité la libère comme lui de la puissance paternelle.

Ce fait est si extraordinaire qu'il ne faut y voir qu'un oubli du législateur (1). Il semble qu'il a donné au mot « enfant » l'acception qu'on lui donne en Provence et en Gascogne. Dans ces provinces en effet « enfant » signifie « garçon » tout comme en Chine. Si on demande à un père de douze filles : « combien avez vous d'enfants ? » « Aucun, » répondra-t-il.

Ainsi lorsque le Code civil dit : (article 374) « L'enfant ne peut quitter la maison paternelle sans la permission de son père », pense-t-il à la fille ? Non, puisqu'il ajoute : « si ce n'est pour enrôlement volontaire à l'âge de dix huit ans révolus. »

Ne cherchons pas à expliquer d'une façon plus sérieuse cette inhabituelle mansuétude de la loi à l'égard de la femme, contentons-nous de la remarquer avec joie.

L'égalité de la femme sous la puissance paternelle considérablement amoindrie, nous est si agréable à constater que nous ne rechercherons pas si elle réalise tout le progrès à souhaiter, si l'enfance est entourée de toutes les garanties de sécurité et de bonheur.

Du reste, nous serions entraînés trop loin si nous nous demandions ce que cette autorité paternelle, découronnée cependant de ses droits les plus abusifs,

---

(1) Ce ne serait pas le premier oubli du Code. On sait que Treilhard le 9 nivose an XII eut une forte distraction que ne relevèrent pas ses collègues : il oublia de s'occuper des droits du conjoint survivant : un veuf sans enfants n'eut pas même une créance alimentaire sur la succession de l'époux décédé. Il fallut quatre-vingts ans pour réparer cette négligence.

peut encore exercer de tyrannie cachée, de cruauté légale ou simplement d'imbécile faiblesse, puisqu'elle n'est soumise à aucun contrôle, puisqu'elle peut repousser tout conseil, même ceux de la mère et des grands-parents, puisque, suivant l'article 373 du code civil, le père exerce seul cette autorité pendant le mariage.

Si nous réfléchissions aussi que le père, *seul*, sans l'avis de la mère, sans que la société, sous la forme d'un médecin-inspecteur, par exemple, ait à intervenir, que le père, dis-je, peut choisir le mode d'élevage de l'enfant, allaitement maternel ou mercenaire, dans sa maison ou au dehors; biberon ou système mixte; — que le père peut décider de l'abandon de l'enfant à l'assistance publique sans le consentement de la mère, que le père enfin peut faire détenir son enfant âgé de moins de seize ans pendant un mois et que le Président du tribunal devra, sur sa demande, délivrer un ordre d'arrestation sans aucune écriture ni formalité judiciaire d'aucune sorte, et sans que les motifs de l'arrestation soient énoncés!... Et nous perdrions encore beaucoup de temps si nous nous arrêtions à considérer que le père peut choisir lui seul le mode d'instruction et d'éducation de l'enfant, fausser son esprit, bien qu'il ait perdu depuis peu d'années le droit de le laisser dans l'ignorance absolue; — qu'il peut lui seul décider du métier et de la carrière qu'il embrassera, déterminant ainsi l'orientation de sa vie; qu'il peut aussi, comme cela se voit surtout en Belgique, astreindre son enfant dès le plus bas âge, au travail de l'usine ou de l'atelier familial. (1)

---

(1) Voir à ce sujet dans le beau livre : 75 ans de domination bourgeoise (Imprimerie coopérative, rue Hautport, 29, Gand) l'essai de Louis de Brouckère qui nous montre jusqu'à des enfants de cinq ans

Il serait trop long, en somme, de compter tous les abus, toutes les iniquités qui peuvent surgir sur ce domaine de plus en plus restreint, quoique si respecté encore par les légistes imbus du vieil esprit romain, l'autorité paternelle.

Citons cependant, à titre d'indication sur ce qui pourrait être tenté dans cet ordre d'idées, un fait d'autant plus intéressant qu'il provient de l'initiative d'une femme.

En 1571, une reine, Jeanne d'Albret, ayant convoqué à Pau les Etats-Généraux du royaume de Navarre, leur soumit un code de lois ecclésiastiques et civiles, qui fut pleinement approuvé par eux et dont l'audace ferait reculer nos législateurs. Entre autres articles remarquables, l'instruction publique même supérieure est déclarée gratuite pour les enfants des *deux sexes* lorsque les parents ne sont pas en état d'y pourvoir et la première instruction est obligatoire pour tous. Les parents sont tenus, une fois les enfants instruits, s'ils ne poursuivent pas leurs études, de leur donner un métier, une profession qui assure leur existence. *Les magistrats soient consuls, soient jurats sont chargés de veiller à l'accomplissement de ce devoir.*

***

L'égalité entre les enfants des deux sexes se maintient lorsqu'il s'agit de succession car *les droits successoraux de la femme sont aujourd'hui les mêmes que ceux de l'homme.*

Voilà, dans la longue lutte des femmes contre l'in-

---

et même de *quatre*, astreints à travailler quinze heures par jour — la plupart cependant des enfants employés dans les ateliers de famille ont de six à onze ans.

justice masculine, certainement la plus belle victoire : toutes celles qui restent à obtenir, ne la surpasseront pas !

Songez-y ! La femme peut participer à la possession de la terre et du capital, la plus grande force moderne !

Ce ne fut pas sans peine, on s'en doute, que le droit successoral des femmes pénétra dans le domaine juridique ; il s'y insinua avec lenteur et inégalité et par des procédés très divers : tantôt les femmes furent admises à défaut des hommes ; tantôt elles prirent à côté d'eux une part restreinte de l'hérédité ; tantôt elles furent appelées par le testament du père à partager avec leurs frères....

D'autre part, depuis longtemps déjà, la femme avait un droit sur les biens meubles, car ces biens ont été les premiers susceptibles d'appropriation personnelle. Par exemple, une coutume singulière en Saxe et en Wesphalie, appelée « Gèrade », attribuait aux femmes tous les objets nécessaires à elles seules et ne pouvant par leur nature servir qu'à elles. Peu à peu ce droit s'étendit aux brebis qu'elles tondaient, aux volailles qu'elles élevaient, et bientôt à tous les animaux femelles, — et ces biens meubles se transmettaient de femme en femme. En somme, la capacité héréditaire de la femme s'est élevée graduellement, quoique avec des alternances de concessions et de restrictions, jusqu'à la fin de l'ancien régime.

Il fallut le décret du 15 avril 1791, qui règle d'une manière générale les partages entre cohéritiers, pour supprimer toute inégalité résultant... « de la distinction des sexes. »

Je crois qu'il faut aussi nous féliciter de ce que l'empereur Justinien, par la novelle 118, ait permis aux fils et aux filles (si elles n'étaient pas in manu mariti) d'hériter concurremment — car s'il n'y avait pas eu ce glorieux exemple, la rage de tout romaniser qui sévissait vers l'an XII, à l'époque de la rédaction du Code civil, aurait peut-être fait restreindre sur ce point le droit de la femme.

Cependant, de nos jours même, il existe en d'autres pays des restes du privilège du sexe, notamment dans les états scandinaves, en Russie, en Angleterre, en Serbie et dans plusieurs cantons suisses.

Du reste, dans les pays mêmes ou l'égalité est proclamée par la loi, le droit de tester vient donner aux vieilles coutumes exhérédant la femme, une funeste survie. — Je citerai l'Italie où souvent les filles n'héritent que leurs *légitimes*, c'est-à-dire la petite part dont elles ne peuvent être privées par le testament et tous les garçons sont avantagés. En France même, surtout dans le midi, l'aîné des garçons est avantagé au détriment de ses frères et sœurs; cette habitude répandue en Provence — en Gascogne elle l'était aussi mais il me semble qu'elle tend à disparaître — me paraît plutôt une survivance du droit d'aînesse que de l'exclusion des filles de parti-pris comme en Italie.

En résumé c'est, je le répète, un progrès immense, une victoire éclatante, que les féministes n'ont pas assez remarquée et célébrée : la loi ne donne pas plus de droit au père sur son fils que sur sa fille et l'un et l'autre sont égaux en droit successoral.

Examinons maintenant les rapports existant entre la femme et son mari.

**

Si la femme a secoué le joug paternel; s'il ne reste de la « potestas patria » que les toutes dernières entraves enserrant aussi bien le garçon que la fille... il ne faudrait pas en conclure que la libération de la femme mariée s'est effectuée pareillement et que devant la loi elle est l'égale de son mari comme elle est déjà celle de son frère.

L'erreur serait grande. — La femme, en se mariant, perd tous les droits acquis : elle revient en arrière de cinq ou six siècles, elle tombe en servage... Je ne dis pas en esclavage, ce serait assurément exagérer; je ne dis pas en tutelle, suivant l'expression courante; elle n'est pas juste : la tutelle est temporaire. Je dis : en servage; et je le dis, non parce que les deux états servage et mariage pour la femme sont comparables, mais parce qu'ils sont, à de très légères différences près, *identiques*.

En effet — « les serfs sont si sujets à leur seigneur, » dit Beaumanoir, que leur seigneur peut leur prendre » tout ce qu'ils ont à leur mort ou durant leur vie — » et les femmes, disons-nous, sont si sujettes à leur maris que leur mari peut leur prendre tout ce qu'elles ont durant leur vie.

Ainsi, je ne supprime qu'un mot : *à leur mort* et sauf restriction faite pour les immeubles — la propriété surtout immobilière sait toujours se garer — nous avons identité entre la condition du serf et celle de la femme mariée. En effet, les articles 213 (1), 214,

---

(1) Art. 213. — Le mari doit protection à sa femme, la femme obéissance à son mari.

215, 217 (1), 905 (2), 934 (3), 1421 (4) et 1428 (5) disent expressément que le mari administre seul les biens de la communauté, qu'il peut les vendre, aliéner et hypothéquer sans le concours de la femme, — qu'il a l'administration de tous les biens personnels de la femme, qu'il peut exercer, seul, toutes les actions mobilières et possessoires de la femme — c'est-à-dire en d'autres termes, qu'il peut toucher ses revenus, ses gains et ses appointements — en un mot tout ce qui lui appartient et le dépenser à sa fantaisie, il peut vendre les meubles du ménage, les bijoux, les vêtements de la femme, il peut même reprendre pour le vendre l'anneau qu'il lui a donné le jour de son mariage — il peut tout cela car « les serfs sont si sujets à leur seigneur que leur seigneur peut leur tout prendre durant leur vie. »

Le serf ne pouvait vendre, ni aliéner, ni hypothéquer l'héritage main-mortable sans le consentement de son seigneur.

De même, la femme ne peut vendre, aliéner ni hypo-

---

(1) Art. 217. — La femme même non commune et séparée de biens, ne peut donner, aliéner, hypothéquer, acquérir à titre gratuit ou onéreux sans le concours de son mari dans l'acte ou son consentement par écrit.

(2) Art. 905. — La femme mariée ne pourra donner entre vifs sans l'assistance ou le consentement de son mari ou sans y être autorisée par la justice.

(3) Art. 934. — La femme mariée ne pourra accepter une donation sans le consentement de son mari ou en cas de refus de son mari sans autorisation de la justice.

(4) Art. 1421. — Le mari administre seul les biens de la communauté. Il peut les vendre, aliéner et hypothéquer sans le concours de sa femme.

(5) Art. 1428. — Le mari a l'administration de tous les biens de sa femme. Il peut exercer seul toutes les actions mobilières et possessoires qui appartiennent à la femme. Il ne peut aliéner les immeubles personnels de la femme sans son consentement.

théquer ses biens propres sans le consentement de son mari; elle ne peut ester en justice, ni contracter sans l'autorisation de son mari.

Le serf ne pouvait transmettre ses biens à ses enfants, si ses enfants avaient cessé pendant une année de vivre avec lui à frais communs.

La femme mariée ne peut donner entre vifs sans l'assistance ou le consentement de son mari — art. 905 C. civil — par ex., quand un enfant veut se marier sans le consentement du père, la mère, quelque riche qu'elle soit, ne peut lui constituer une dot si le mari s'y oppose.

Si le serf quittait le bien de la main-morte, le seigneur pouvait le forcer à y revenir, c'est ce que l'on appelait le droit de suite ou de poursuite.

Article 214 : la femme est obligée d'habiter avec son mari et de le suivre partout où il jugera à propos de résider...

Article 108 : La femme mariée n'a d'autre domicile que celui de son mari et si la femme quitte le domicile conjugal, le mari a le droit de le lui faire réintégrer *manu militari*.

Tout serf pouvait s'affranchir en abandonnant ses biens immeubles main-mortables et une partie de ses meubles, et en faisant connaître, par un acte exprès, qu'il agissait ainsi dans le dessein d'acquérir la liberté.

On sortait du servage de quatre manières : 1e par l'affranchissement; 2e par le séjour pendant un an et un jour sur certains territoires; 3e par la prescription de vingt ans; 4e par l'abandon de ses biens.

On ne sort du mariage que par la mort ou le divorce... et le divorce est long, difficile et coûteux à obtenir; il est impossible si l'on ne peut avancer et prouver une de ces trois causes : adultère de l'un des époux, — excès, sévices ou injures graves, de l'un d'eux envers l'autre, — condamnation de l'un des époux à une peine infamante.

Tout serf pouvait donc s'affranchir de par sa volonté (fuite en certains pays (1),) de par son argent, (abandon de biens).

Aucune femme, ni par la fuite, ni par la prescription, ni par l'abandon de ses biens ne peut se libérer du mariage si elle ne peut articuler contre son mari un des trois griefs sus-mentionnés.

On peut donc conclure qu'il y a similitude entre l'état de servage et l'état de mariage pour la femme, et que le plus contraint, le moins libre des deux, serf et femme mariée, c'est encore la femme mariée.

Avec l'éloignement du temps, la loi du servage nous apparait brutale et odieuse, cette main-mise d'un homme sur un homme nous révolte. — La loi de mariage apparaîtra à nos arrières petits-enfants revêtue du même caractère et cette main-mise d'un homme sur une femme les révoltera.

On sait que, pour les contemporains, le servage était légitime et, en effet, il avait ses raisons d'être et ses bons côtés... Le serf devait obéissance à son seigneur ; mais en échange de sa soumission, de son travail, de sa liberté, il trouvait là sécurité, car le seigneur lui devait de son côté aide et protection. Ils formaient l'un et l'autre les éléments de structure d'une société qui a

---

(1) Maisons en Champagne, Coutres en Blésois, la ville de Berne en Suisse.

duré des siècles. Les premiers chapitres de l'origine de la France contemporaine de Taine, font ressortir cela lumineusement.

Pour le plus grand nombre d'entre nous, le mariage tel qu'il existe : ce composé d'autorité et de servitude, cet acte de société au profit d'un seul, paraît conforme à la nature et à la raison; il semble que sans cette hiérarchie conjugale, le mariage ne pourrait subsister, la famille ne pourrait se fonder et se perpétuer.

Les gens qui pensent ainsi raisonnent exactement comment raisonnaient les soutiens du régime féodal. Évidemment le servage était la base de la société et on ne pouvait le détruire sans détruire la société elle-même, mais on ne pouvait savoir que cette société ne perdrait rien a être détruite, qu'elle serait remplacée par un autre régime qui, malgré ses défauts, lui serait peut-être préférable. Le mariage également, avec la sujétion de la femme, est bien la base de la famille actuelle; comme tel il est défendu par ceux qui ne savent pas voir que, s'il était détruit, il serait remplacé par une organisation plus large, plus équitable, meilleure de tous points.

Je ne développerai pas davantage cette idée et je reviens à la condition que le Code civil impose à la femme mariée.

Certaines garanties, certains recours sont accordés à la femme pour sauvegarder ses biens. Ainsi elle peut demander la séparation de biens « quand sa dot est » en péril et quand le désordre des affaires de son mari » donne lieu de craindre que les biens de celui-ci ne

» soient point suffisants pour remplir les droits et les
» reprises de la femme. »

Pour ester en justice, pour contracter, pour accepter des donations, la femme a le droit, si son mari lui refuse son consentement, de le faire citer devant le tribunal de première instance qui peut donner ou refuser l'autorisation, après que le mari aura été entendu et dûment appelé en la chambre du conseil. (Art. 219.)

Il ne faudrait pas voir en ces recours et garanties un affaiblissement de l'autorité maritale ; ils sont accordés non à l'épouse mais à la possédante. Ce n'est pas une victoire du féminisme, c'est un effet de la propriété.

La propriété, remarquons le, la terre surtout sont précautionneuses ; elles n'aiment pas à changer de mains, ou plutôt elles sont naturellement stagnantes, inertes... Celui qui est sacré propriétaire se voit entouré des plus tendres sollicitudes de la loi ; en revanche celui qui attente à la propriété est puni avec la dernière rigueur et cela en tout temps en tous pays. Quoi d'étonnant à ce que la femme-propriétaire soit protégée par la loi ? — à ce que le dilapidateur soit arrêté dans ses déprédations par cette même loi ?

Nous ne pouvons donc voir en ces modestes garanties : séparation de biens, reprises, etc., offertes à la femme mariée, qu'un de ces bons effets de la dot qui, nous l'avons vu, ont déjà rendu à la femme les plus importants services.

En effet, ces garanties ne peuvent être utiles à la femme qu'à deux conditions : 1º La femme aura assez de courage et de force de caractère pour lutter contre la volonté de son mari, pour braver les préjugés du monde ; 2º Elle aura des biens personnels.

Mais quand elle n'a pas de biens personnels ? « Là où il n'y a rien, dit le proverbe, le roi perd ses droits ». Plus heureux que le roi, le marine perd par les siens, car la loi qui protège en une certaine mesure la femme possédante se détourne dédaigneusement, en France, de la femme travailleuse, et son gain, ses appointements peuvent être et sont, en effet, souvent touchés par le mari (1).

Les congrès de femmes, celui de 1896 et celui de 1900, ne se lassent pas de faire des vœux pour « que la » femme puisse recevoir, hors de la présence et le con- » cours de son mari, le produit de son travail et puisse » en disposer librement ». Ils demandent aussi « que » la femme abandonnée par son mari soit autorisée à » prendre toutes mesures conservatoires et notamment à » pratiquer saisie-arrêt sur les salaires de son mari, par » ordonnance du juge de paix sur simple requête à lui » présentée.

Ces vœux font partie de la loi Goirand, votée par la Chambre et qui se morfond devant le Sénat.

En attendant qu'ils soient votés, le mari continuera à jouir de son privilège plus que royal — et même lorsqu'ils le seront, la situation maritale de la femme qui n'aura pas de biens personnels, et de celle qui n'aura pas non plus un travail rémunéré sera des plus précaires : Elle devra à son mari ses soins domestiques, ce travail de tous les jours, monotone, fastidieux, fatigant ; — en échange elle n'aura aucun recours contre son mari, au cas où il dilapiderait ses biens propres ou son gain, au cas où il vendrait le mobilier de la com-

---

(1) En Belgique depuis 1900, la femme a le droit de toucher son salaire.

munauté, les bijoux et les vêtements de sa femme.

Sans entrer dans plus de détails, il me semble que ce rapide aperçu de la situation de la femme mariée en France est suffisant pour nous amener à cette conclusion : la femme en France tombe par le mariage sous le vasselage de l'homme : elle perd son nom, sa nationalité, le droit d'ester en justice, soit comme demanderesse, soit comme défenderesse, quand même elle serait marchande publique non commune ou séparée de biens; le droit de contracter, de s'obliger, d'acquérir des meubles ou des inmeubles à titre onéreux ou gratuit, le droit d'aliéner, d'hypothéquer, d'établir des servitudes, de renoncer à un droit quelconque et de transiger. — (Art. 217, combiné avec les art. 220, 224, 225, 226, 776, 905 et 954, Code civil).

La femme ne peut élire domicile où il lui plait, en un mot, elle est serve et son mari est son seigneur.

Cette assimilation du servage et de la condition matrimoniale de la femme est d'autant plus réelle qu'ils ont l'un et l'autre même âge historique, qu'ils sont l'un et l'autre sortis de la même source et qu'ils ont suivi les mêmes phases évolutives.

Les serfs et les femmes sont tous deux les faibles et les vaincus et l'esclavage a été leur commune origine; — mais les serfs ont marché de siècle en siècle vers leur émancipation (1).

---

(1) Cette émancipation a été complète seulement dans la nuit du 4 août, puisqu'à la veille de la Révolution, il y avait des serfs en France, Voltaire ayant échoué dans sa belle campagne contre le chapitre de Saint Claude qui maintenait ses droits sur les serfs.

L'Église catholique, soit dit en passant, a été, malgré l'opinion contraire qu'elle essaie de répandre, la dernière à garder des esclaves et des serfs.

La condition matrimoniale de la femme s'est, pour ainsi dire, cristallisée dans son évolution.

Elle est, à peu de chose près, aujourd'hui ce qu'elle était au Moyen âge.

Ceci n'est pas une exagération, en voici la preuve : les articles 223, 224 de *la coutume de Paris*, et les articles 194 à 201 de *la coutume d'Orléans*, disent :

1º Femmes ne peuvent contracter, aliéner, hypothéquer, accepter une donation sans l'autorisation des maris, mais bien disposer par le testament comme en pays de droit écrit sans l'autorisation de leur père.

2º Femme ne peut ester en jugement sans le consentement de son mari.

3º Femme séparée d'avec son mari ne peut vendre ni s'obliger sans l'authorité de son dict mary, mais peut disposer de ses meubles et fruicts de ses héritages.

4º Jamais l'autorisation de la justice ne peut habiliter la femme à contracter ou à donner entre vifs malgré son mary.

Il est inutile de multiplier les citations, on peut se convaincre que l'esprit de la loi est le même et même que la lettre est semblable, car quelques-uns de ses articles ont été copiés par le Code civil presque mot pour mot.

Ainsi la condition matrimoniale de la femme a survécu à l'époque qui l'avait vue naître, elle s'est conservée intacte à travers les bouleversements sociaux, tel un de ces monstres antédiluviens, *ichtyosaure* ou *ptérodactile*, dont l'espèce, par quelque miracle, aurait survécu ; ce n'est pas seulement en France que l'on retrouve cette institution moyen-âgeuse, tous les pays de l'Europe nous offrent des exemples de sa déplorable longévité.

En effet, partout en Europe la condition de la femme est le servage : servage à ses différents états, tantôt très près de l'esclavage, tantôt à la veille de son 89.

Hier encore, en Angleterre, tous les biens de la femme appartenaient au mari, sa personnalité même disparaissait dans celle de ce mari ; si la femme causait un dommage à quelqu'un, le mari était responsable et on le condamnait à payer comme si le dégât avait été commis par un de ses animaux domestiques. On cite le cas d'un paysan anglais qui, en 1852, s'appuyant sur la loi, conduisit sa femme au marché la corde au cou pour y être vendue. Mais les Anglaises sont d'ardentes féministes : en 1882, à la suite d'une énergique campagne, elles obtinrent leur égalité au point de vue civil.

En Hollande, la communauté de biens est obligatoire. La Belgique, l'Autriche n'offrent guère de différence avec la France.

Cependant en Autriche, si la communauté a été stipulée, elle est soumise aux mêmes règles que les sociétés en général : ce simple article de loi fait du mariage une association entre égaux où l'homme et la femme voient chacun leurs intérêts respectés.

Les pays scandinaves et l'Allemagne ont supprimé les pouvoirs du mari sur les gains personnels de la femme.

En Russie, la libération est presque complète. Chose étrange, ce pays qui a été le dernier à émanciper ses serfs est le premier qui ait donné à la femme la libre administration de ses biens. C'est, selon moi, une victoire de caste.

L'aristocratie est forte et vivace en Russie. La femme russe garde, en se mariant, la jouissance de ses biens ;

elle peut charger son mari de leur administration ; dans ce cas elle lui donne une procuration en règle, valable « jusqu'à ce que la *fantaisie* de la femme ne veuille la lui retirer » car pour détruire cette procuration, *aucune raison* n'est nécessaire : la femme fait annoncer par deux journaux, que la procuration est nulle à partir de ce jour. Un notaire est chargé de signifier sa décision à son mari. Cela suffit.

Mais, à part cette unique exception, la condition de la femme mariée en Europe est semblable à celle de l'homme *serf* à la fin du Moyen âge ; elle est même moins favorable… Il était bon, je crois, de faire remarquer la chose et de l'appeler par son nom.

*
* *

Examinons maintenant la situation de la femme par rapport à ses enfants.

Par son mariage, la femme a perdu sa condition de femme libre ; elle est tombée sous l'autorité maritale : elle ne peut donc avoir sur ses enfants que des droits dépendants eux-mêmes des droits du mari ; c'est une conséquence inévitable du servage de la femme.

Pour voir jusqu'où va la dépendance de ces droits, ouvrons le code civil. Nous y lisons, art. 371 et 372 : « L'enfant à tout âge doit honneur et respect à ses père et mère. Il reste sous leur autorité jusqu'à sa majorité ou son émancipation. » — Mais le code ajoute article 373 : « Le père exerce seul cette autorité ».

Alors que signifient les articles précédents ? qu'est-ce qu'une autorité maternelle peut être, là où l'autorité paternelle s'exerce seule? Elle doit s'éclipser devant elle comme une pâle étoile devant le soleil...

Pendant la durée du mariage, ne parlons donc pas de l'autorité maternelle... car si nous cherchons ses droits nous n'en trouvons aucun ; cependant nous avons déjà énuméré les droits du père qui peut choisir le mode d'allaitement, d'éducation, d'instruction de l'enfant, ainsi que la profession à lui donner, qui peut lui seul faire détenir son fils dans une maison de correction ou même en prison.

Mais si l'autorité maternelle se perd dans la puissance paternelle, elle doit apparaître à la mort du père; elle doit la remplacer, elle doit être elle-même une puissance paternelle? Ce serait du moins logique. Continuons, pour nous en assurer, l'examen du code.

A ce titre neuvième : « de la puissance paternelle », que j'interroge maintenant en l'appliquant à la mère veuve exerçant cette autorité, je remarque cet article (381) :

« La mère survivante et non remariée ne pourra faire détenir un enfant qu'avec le concours des deux plus proches parents paternels et par voie de réquisition, conformément à l'art. 399. »

Je ne m'insurge pas contre cet article en lui-même : au contraire il me paraît juste et prévoyant et parce qu'il est juste et prévoyant, je trouve qu'il devrait être aussi appliqué au père non remarié et que dans un acte aussi grave que la détention d'un enfant, pour quelque cause que ce soit, le concours de deux plus proches parents maternels représentant la mère défunte serait équitable; je ne récrimine donc pas contre cet article en lui-même, je constate simplement, une fois de plus, la différence de droit entre l'homme et la femme et je m'élève contre cette injuste inégalité dont l'enfant est victime.

Je remarque aussi, au même titre neuvième, que la mère divorcée ayant la jouissance des biens de ses enfants, ce qui a lieu quand le divorce a été prononcé en sa faveur — perd cette jouissance dans le cas d'un second mariage... Pourquoi ?... Et pourquoi n'en est-il point de même pour le père en pareil cas ?..,

Mais nous voici arrivés avec le titre dixième, dans une reposante oasis. L'égalité nous y semble parfaite. La mère pourra, y voyons-nous art. 390, exercer les droits de la tutelle, c'est-à-dire qu'elle aura l'administration des biens de ses enfants jusqu'à l'âge de dix-huit ans accomplis, qu'elle en aura la jouissance et sera tenue à remplir les charges de cette jouissance, *car la tutelle appartient de plein droit au survivant des père et mère.*

Voilà qui est fort bien.

Continuons notre lecture du code par l'art. suivant 391 : « Pourra néanmoins le père nommer à la mère survivante et tutrice un conseil spécial, sans l'avis duquel elle ne pourra faire aucun acte relatif à la tutelle. »

Mais de cette tutelle que reste-t-il alors ?

Ainsi l'autorité maritale, la puissance paternelle ne sont pas ensevelies avec l'homme mort ? Elles continuent à planer sur la veuve; elles la surveillent dans ses actes, elles la paralysent dans son administration, elles sont un blâme perpétuel attaché à elle. .

Eh bien, malgré cela, j'approuve encore cet article si restrictif des droits de la veuve : il doit quelquefois sauvegarder les intérêts des enfants — il peut les défendre contre l'incapacité, l'inconduite de la mère — mais qui les défendra, ces mêmes intérêts, contre l'incapacité ou l'inconduite du père, si c'est lui le survivant?

Car il faudrait enfin la détruire la vieille mais solide légende du père de famille modèle de toutes les vertus, bon, juste, impeccable...

Il faudrait reconnaître en elle l'héritage des générations passées, des époques où le *pater-familias* régnait, roi absolu, sur la famille, faisait les lois et répandait les idées, les unes et les autres à son avantage et pour sa gloire.

L'idée de l'infaillibilité du Père n'est plus soutenue par presque rien aujourd'hui, la famille patriarcale s'est disloquée, la *gérontocratie* s'est éteinte; pourquoi donc cette antique et baroque idée de la suprématie masculine persiste-t-elle à se nicher dans des recoins du code, d'où elle exerce encore son injuste influence?

Ainsi dans ce cas qui doit être fréquent : le père, joueur, ivrogne, débauché, survit; la mère, en mourant, emporte dans la mort l'affreux désespoir de lui laisser tutelle et garde de ses enfants... Il ne pourra peut-être pas dissiper leurs biens jusqu'aux derniers centimes — car nous le savons, la propriété toujours occupée de sa propre conservation, s'entoure d'un formidable attirail de lois défensives, mais il pourra du moins compromettre ces biens, gravement.

En effet, pour amener la destitution d'un tuteur il faut : 1º une inconduite notoire; 2º une gestion qui atteste l'incapacité ou l'infidélité — mais lorsque les effets de cette incapacité ou de cette infidélité apparaissent, ils sont précis, ils sont patents, ils ont déjà fait sentir leurs résultats désastreux; — comme dans le cas de la séparation de corps — on ne sauve guère que les débris.

Et puis les intérêts ne sont pas tout : il y a l'éducation, les principes, les exemples donnés à ces enfants; il y a le manque de tendresse, de dévouement, il y a souvent la dureté, l'injustice, et songeons à l'immensité de souffrance que peut contenir la petite âme d'un enfant !...

Certes dans notre triste revue de la condition de la femme, elle nous est presque toujours apparue misérable et humiliée, mais de tous les torts qui lui ont été faits, de toutes les injustices dont elle a été victime, de toutes les cruautés dont elle a souffert, je ne crois pas qu'il en soit une plus douloureuse au cœur d'une mère que celle-ci : se voir mourir sans pouvoir protéger ses enfants contre un père indigne, perdre avec sa vie toutes ses forces pour les défendre contre lui...

Mais il ne suffit pas à la loi de priver une mère mourante de la consolation de sauvegarder, jusqu'à un certain point, les intérêts de ses enfants, en nommant un conseil spécial surveillant la tutelle du père; elle enveloppe dans un inqualifiable ostracisme tous les parents du côté maternel. Si le père vient à mourir à son tour, sans avoir désigné un nouveau tuteur à ses enfants, leur tutelle revient de droit à leur aïeul ou bisaïeul paternel, de manière, dit l'art. 402, que l'ascendant paternel soit *toujours préféré* à l'ascendant maternel au même degré.

L'acharnement de la loi contre la femme est si grand qu'en cet article, remarquons-le, la sacro-sainte propriété s'en trouve lésée. Voici, par exemple, une femme richement dotée par ses parents qui épouse un homme sans fortune : elle meurt, puis son mari. La tutelle de ses enfants et l'administration, la jouissance de leurs biens reviennent au père du mari, au détriment *du père de la femme qui a fourni la dot*.

Autre iniquité de la loi : la mère tutrice qui veut se remarier peut être déchue de sa tutelle par le conseil de famille, qu'elle sera obligée de convoquer sous peine de perdre la tutelle de plein droit.

Il est évident que les familles voient presque toujours avec déplaisir ou chagrin le remariage d'une belle-fille et que bien souvent la rancune et aussi l'intérêt doivent les décider à lui enlever la tutelle.

Ainsi, au point de vue successoral, la femme est placée comme épouse et comme mère vis-à-vis de l'homme dans une humiliante et dangereuse infériorité.

Je ne dis point cependant que toutes les femmes sont malheureuses dans le mariage — ce serait loin de ma pensée; je crois au contraire qu'il y a beaucoup de bons ménages — mais je dis que si toutes les femmes ne sont pas malheureuses, toutes risquent de l'être.

En effet, l'homme aime souvent la femme, il *peut* être bon pour elle, il *peut* la nourrir et la protéger, il *peut* lui faire une vie de paix et de bonheur — c'est une faculté qui lui est accordée, non une obligation à laquelle il ne peut se soustraire, car la loi n'aime pas la femme, elle ne la protège pas, elle ment quand elle dit que tous les Français sont égaux devant elle — et si quelques femmes sont heureuses dans le mariage, c'est à la douceur toujours croissante des mœurs, aux sentiments affectifs, qui vont se développant chaque jour, qu'elles le doivent, non à la loi qui est pour elle dure, méprisante et injuste.

CHAPITRE VI

Le travail de la Femme

Examinons maintenant la condition qui est faite à la femme hors de la famille, par le travail.

Pouvoir dire seulement, en parlant de la femme : « hors de la famille » ne se peut qu'étant donnée la révolution intérieure qui s'est accomplie au sein de la société dans les deux derniers siècles.

Un peu plus tôt, cela n'eût pas même été compris : femme, famille, foyer, enfants, domination maritale, soumission féminine, formaient un bloc d'un grain si serré, que l'idée d'en détacher la femme n'aurait pu être avancée sans amener aussitôt la crainte d'une pulvérisation complète du tout.

Et ce détachement s'est opéré cependant, mais sans une parole...

Il s'est accompli sournoisement, pour ainsi dire, dans les profondeurs de la masse, respectant la surface en vue.

Le travail causa, du moins en apparence, cette désagrégation.

Nous l'avons vu tout le long de ce livre, la femme fut, en des temps reculés, — elle l'est encore dans tous les pays non civilisés, — le grand travailleur de la terre, le premier artisan, le premier trafiquant ; — l'homme était seulement, en fait de travail, le premier armurier, et, sauf la guerre, son unique occupation, il vécut oisif, nourri et servi par la femme.

Ouvrons une parenthèse : nous avons autour de nous des sociétés chez lesquelles cet état de travail pour les uns, de guerroiement pour les autres, est la règle absolue et très perfectionnée : ce sont les sociétés de fourmis *rouges*. — Elles ont, on le sait, pour esclaves les fourmis *noires cendrées*, sur lesquelles elles se reposent de tout travail : elles ne savent plus manger seules et mourraient de faim si une de leurs esclaves ne portait les aliments à leur bouche. — Nous avons déjà dit que Cook fit, en Polynésie, la rencontre d'un chef sauvage qui ne savait pas non plus manger seul.

Les femmes esquimaudes, — d'après la relation d'un repas d'Esquimauds par le capitaine Lyon, — enfoncent avec leurs doigts de gros morceaux de viande dans la bouche de leurs maris, alternant avec des morceaux de graisse crue.

Nous n'oserions, malgré cela, faire une irrévérencieuse comparaison et insinuer que, dans l'enfance de l'humanité, l'homme est le parasite de la femme.

Cependant cet état, comment dirai-je ? d'abus excessif du travail de la femme, cessa, en partie du moins, avec la polygynie et l'introduction de l'esclavage.

Nous l'avons vu, — et je n'y reviens que pour soutenir le fil de mon raisonnement, — la polygynie cultivant leur plastique créa des catégories de femmes ; elle les dota de beautés de formes et de couleurs qui les différencièrent non plus seulement d'avec les hommes, mais entre elles. Ces distinctions les firent rechercher, apprécier et garder plus ou moins jalousement. — La jalousie inventa la séquestration : la femme au gynécée, au harem, au foyer. D'un autre côté, l'habitude d'utiliser pour le travail, au lieu de les tuer, les prisonniers de guerre, déchargea les femmes des plus durs labeurs, et peu à peu l'usage s'établit de confier seulement aux femmes les soins du ménage, tout au plus les petits travaux accomplis autour de l'habitation, — soins et travaux qui s'accordaient avec le désir de les maintenir sous les regards du maître.

Ces mœurs relativement nouvelles n'en remontent pas moins à une haute antiquité. Nous avons la preuve et de cette haute antiquité et du soulagement que l'esclavage apporta à la femme, dans cette prière des Hébreux, qui est, en même temps, une bien curieuse et peut-être unique constatation dans les temps anciens de l'état misérable de la femme ; la voici :

Ce sont les hommes qui parlent.

« Sois béni, éternel notre Dieu, Roi de l'Univers,
» pour ne pas nous avoir fait naître *femmes*. »

Les femmes disent à leur tour :

« Sois béni, éternel notre Dieu, Roi de l'Univers,
» pour ne pas nous avoir fait naître *esclaves*. »

J'ai voulu connaître la prière des esclaves, mais les esclaves n'ont pas de prière...

Ainsi l'habitude de confiner la femme dans la maison, astreinte aux seuls travaux domestiques, habitude qui engendra l'idée héréditaire que la femme n'a pas d'autre rôle ici-bas, remonte à l'origine de ces sociétés hébraïque, latine et grecque qui nous ont légué leur mentalité, au détriment de la mentalité de nos propres ancêtres gaulois et francs, qui avait des idées plus libérales en ces matières.

Ce sont donc les sociétés grecque et romaine qui enlevèrent la femme aux travaux d'Hercule, qu'elle avait accomplis jusqu'alors, pour la river au rouet d'Omphale.

Tourner ce rouet n'était pas cependant une sinécure : il est symbole en effet de l'industrie du vêtement, qui fut créée et propagée par la femme, qui fut et est encore son domaine particulier; mais tandis qu'aujourd'hui, pour s'y livrer, la femme quitte le toit familial, autrefois elle pouvait exercer cette industrie dans l'enceinte de sa demeure, chaumière ou palais. *Domum sedebat, lanam filadat* : assise à la maison, filant de la laine, tel était l'idéal assigné à la femme.

En réalité, ces travaux domestiques étaient considérables : tous les objets nécessaires à la vie, aliments ou vêtements, se préparaient ou se fabriquaient par les soins ou sous la direction de la femme.

Chaque maison, si humble fût-elle, était une fabrique : le pain, la bière, l'huile, le saindoux, les conserves de poissons, de viandes, de fruits, les liqueurs; et le fil, la toile, les habillements et leurs garnitures d'or, d'argent, e broderies ou de dentelles, les pommades, les onguents, e savon, la chandelle — tout se faisait dans la famille ar la mère aidée de ses filles, brus, belles-sœurs ou serantes. A ces travaux s'ajoutaient, à la campagne, les oins de la basse-cour, du potager, de la ruche, du verger.

Au Moyen âge, nous voyons, outre les serfs attachés la glèbe, des serfs attachés à la maison du seigneur. ls formaient, sous le nom de *manses seigneuriales*, des teliers d'hommes, de femmes et d'enfants, ces derniers lacés sous la surveillance de la femme du seigneur, qui istribuait les tâches et surveillait le travail.

Chez les plus humbles, l'ouvrier de ville ou le pauvre journalier des campagnes, la femme ajoutait encore aux soins multiples de son ménage, le surcroît d'un petit métier. — Elle se faisait fileuse, tisserande, cardeuse, couturière, matelassière, passementière ; en certains pays dentellière, brodeuse, industries modestes, bien pauvrement rémunérées, mais qu'elle pouvait exercer au coin de son feu, et qui apportaient un semblant de bien-être à sa chétive existence.

Ainsi, pendant de longs siècles, dans les chaumières et dans les châteaux, la femme vécut surchargée de travaux menus et accablants.

Ils absorbaient toutes ses forces et aussi toutes ses facultés, la spécialisant si complètement en certains métiers qu'elle devint incapable d'en exercer d'autres, tout aussi faciles, mais réservés à l'homme ; son intelligence, sans cesse tournée vers de petits détails matériels, perdit ou ne sut acquérir l'aptitude aux hautes spéculations de l'esprit —; une démarcation de plus en plus profonde se creusa entre la femme et l'homme, et celui-ci s'accoutuma si bien à la reléguer dans le domaine des soins domestiques, que, perdant de vue le point de départ, il s'imagina de très bonne foi que son unique fonction naturelle était la garde et l'entretien de la maison conjugale.

Mais voici qu'avec stupeur l'homme s'aperçoit que le foyer est désert : la femme ne file plus auprès des cendres chaudes. Elle a surgi au dehors ; elle emplit les usines, les ateliers, les manufactures, les magasins et les administrations ; — elle dispute à l'homme ses places ; elle envahit les arts et le professorat ; elle s'asseoit sur les bancs des écoles ; elle est docteur et avocat.

Est-ce un bien? Est-ce un mal?... Je ne le sais vraiment pas... Lorsque je considère l'état d'abaissement, d'humiliation, de non-personnalité, dans lequel végéta la femme pendant des siècles, je me dis qu'il est bon qu'elle s'exerce à la lutte, serait-ce par la souffrance; — mais lorsque je vois cette souffrance, cette continuelle et inexorable souffrance, je me prends à regretter pour la femme l'abri du toit conjugal et la protection efficace de l'homme, la payerait-elle du prix de sa dignité...

Au reste, que ce soit un bien ou mal, un mieux ou un pire, il n'importe : c'est une nécessité, voilà la chose certaine.

C'est le grand problème de la subsistance qui se pose devant tous les êtres, que quelques espèces végétales et animales ont parfaitement résolu, mais que l'homme, malgré son intelligence, est encore péniblement à chercher.

Voici je crois la cause du malaise actuel :

En quelques pays, l'homme gagna assez, soit par son travail, soit par la guerre, pour arriver à nourrir sa femme ou ses femmes et ses enfants ; la famille patriarcale s'institua et prospéra, malgré l'infériorité de la femme ou peut-être à cause de cette infériorité.

Dans d'autres pays, — nous avons l'exemple de toute l'Afrique noire, — la femme gagne assez par son travail, son agriculture, son industrie, pour faire vivre l'homme et les enfants. Dans ces deux cas le problème de la subsistance est résolu.

Dans nos sociétés européennes, l'homme, malheureusement, ne gagne plus assez pour faire vivre sa femme et ses enfants, et il n'est pas besoin d'ajouter que la femme, de son côté, ne gagne pas assez pour subvenir à la nourriture de l'homme et des enfants, — ni même assez pour subvenir à ses propres besoins.

Il est donc de toute nécessité que, dans l'âpre lutte pour la bouchée de pain, elle prenne sa place, soit pour aider l'homme à former et à entretenir la famille, soit pour vivre elle-même, si elle est seule.

Et, sous l'empire de cette pression formidable et toujours croissante, la femme, inquiète et incertaine, a quitté le toit familial pour aller au dehors, à l'aventure, cherchant à gagner son pain...

*
* *

Examinons les conditions qui permettent à la femme de gagner ce pain.

Voyons la place qu'elle a prise dans le travail. Quel est ce travail. Ce qu'il lui rapporte.

Et d'abord, quels sont les genres de travaux qui s'offrent aux femmes?

En premier lieu, l'agriculture.

La terre n'attire pas à elle la femme, pas plus que l'homme, du reste. Mais la terre possède une immense réserve d'hommes et de femmes qui la cultivent, et qui constituent, dans toutes les nations, la couche première et profonde : couche très antique, lourdement inerte, presque impénétrable au progrès, couche d'où peuvent se dégager d'autres classes d'hommes : ouvriers, artisans, petite bourgeoisie, bas clergé, mais qui reste à peu près identique à elle-même, car, dépourvue de toute force *attractive*, elle n'absorbe pas en son sein les éléments étrangers : on ne devient jamais paysan. Cette couche presque inaltérable est presque immobile.

Si l'on reconstituait la généalogie d'un paysan, on retrouverait presque toujours ses ancêtres, de père en fils, cultivant la même parcelle de terre. En effet, Le Play qui a décrit la monographie d'une famille du Lavedan nous apprend que, pendant quatre cent ans au moins, elle vécut sur le même domaine où elle vit encore aujourd'hui du reste, — et faire cette reconstitution serait retrouver sous le nom d'esclaves, de serfs, de colons, de lites de colliberts, ou de fermiers, de métayers, de journaliers, toujours « *les mêmes animaux* farouches, mâles » ou femelles, répandus dans la campagne, noirs, livides » et tout brûlés de soleil, attachés à la terre qu'ils » fouillent et remuent avec une opiniâtreté invincible », décrits par La Bruyère.

On ne devient donc jamais paysan, et si la ville arrache à la campagne des milliers de travailleurs, le contraire ne se produit pas.

L'agriculture nourrit ainsi, de temps immémorial, — depuis l'époque où la tribu sauvage passa de l'état de chasseur ou de pasteur à l'état d'agriculteur, — des millions de femmes.

C'est même la femme, croit-on, qui inventa l'agriculture ; c'est elle qui, dans son travail habituel de cueillette des fruits, des baies ou des racines, s'aperçut que certains grains, tombés par hasard autour de son habitation, croissaient et se reproduisaient, et qu'il était plus commode de les récolter ainsi, à portée de la main, réunis sur un petit espace, que d'aller les chercher à travers les prairies et les bois au prix de mille fatigues, et, lorsque le gibier ou le poisson rapportés par l'homme devinrent rares, celui-ci vint se joindre à la femme pour la culture de la terre.

Dans certains pays où le gibier n'est pas devenu rare, l'homme est encore chasseur et la femme agriculteur ; on trouve de nombreux exemples de ce dernier cas ; dans ces pays, généralement, la femme, si utile par ses travaux agricoles, a conquis une certaine estime et quelques droits.

La terre de France seulement est travaillée par les bras de près de *trois millions* de femmes.

Quelle est la part du travail de la femme en agriculture ?

Elle est égale à celle de l'homme. Sauf le gros labour à la charrue et le fauchage, la femme participe à tous les autres travaux : sarclage, bêchage, arrosage, déchaumage ; — comme l'homme elle moissonne, engerbe, fane, vendange, en plus elle soigne la volaille et le bétail, trait les vaches, fait le beurre, le fromage, le pain souvent, et, comme l'homme, elle reste exposée au soleil, à la pluie, au vent, à la poussière, au froid et aux brouillards ; comme lui, elle reste courbée des journées sur les terres humides ou marécageuses, elle lutte de la bêche contre le sol pierreux, arrache les herbes et les broussailles, traîne de lourdes brouettes de terre ou reste dans l'eau jusqu'à mi-corps pour rouir le chanvre (1).

La campagnarde travaille, comme elle respire, sans cesse. Lorsque tous deux reviennent des champs, l'homme va s'asseoir devant l'âtre ; la femme prépare le repas, dresse la table, sert son mari, reste debout derrière lui, tandis qu'il mange. Ceci se voit encore dans une grande partie de nos provinces. Il va sans dire aussi

---

(1) Ainsi que je l'ai vu pratiquer en Volhynie (Pologne).

qu'elle range, nettoie, balaie, fait les lits, soigne ses enfants, file, coud et tricote.

Pour ce dur travail, point de salaire; le gain de la misérable existence, voilà tout : le pain de seigle, de sarrasin ou de maïs, les pommes de terre et les châtaignes, quelques légumes verts, des fruits, l'eau de la fontaine et le cochon à la Noël, et les jours de grande fête un peu de vin, un peu de viande. — Le Play estime à 22 fr. par an la dépense de viande de la famille de quinze personnes dont il a fait la monographie. — Et comme vêtement, comme linge, il compte une dépense de 122 fr. pour dix femmes.

Lorsque la femme des champs vieillit, sans se voûter elle se plie en deux, son dos décrivant un angle droit avec le reste de son corps; sa tête branlante semble ne plus vouloir se détacher de cette terre qu'elle a tant implorée; ses bras ressemblent à deux sarments de vigne noirs et secs, ses mains sont des pinces contournées, et sa peau désséchée, tannée, cuite et recuite pend flasquement sur ses os. Et cependant, si chacun de ses membres, de ses muscles, chacune de ses veines saillantes, chacun des creux de son visage ne criaient sa peine et sa misère, nous dirions que la femme des champs est heureuse, parce que nous la comparons à l'ouvrière des villes....

**

L'industrie moderne, comme une grande pompe aspirante, attire à elle les femmes; c'est elle qui fait le vide dans les maisons... Elle a tué les petits métiers, elle dépeuple les campagnes, car si la terre, comme on dit, manque de bras, l'industrie a déjà trop de mains.

La lutte a été longue cependant : la quenouille, le rouet, le métier du tisserand de lin, de laine, de soie ont résisté, jusqu'au brisement définitif, contre les machines automatiques. Mais que pouvait la fileuse contre la *mulljenny* qui file mille fils à la fois? Contre le métier *renvideur*, qui permet à trois ouvriers de faire la besogne de plus de cinq cents fileuses? — Disparaître, ou s'enrôler dans la manufacture. — C'est ce que les modestes ouvrières du foyer firent en masse. (1)

Là où elles ont senti un peu d'argent à gagner, elles se sont précipitées si nombreuses que la main-d'œuvre est tombée à vil prix; et non-seulement la manufacture, mais l'usine, la mine, ont vu affluer les femmes —; peu à peu, pied à pied, non par la force mais par la possibilité d'acceptation de salaires plus modestes, la femme s'est insinuée près de l'homme, quelquefois pour le seconder, d'autres fois même pour l'évincer....

Aujourd'hui la femme est employée dans les industries suivantes — cette longue énumération, que j'emprunte à Bebel, est nécessaire, elle montrera la femme au travail mieux que ne sauraient le faire des chiffres ou des adverbes de quantité — elle est donc employée dans : les tissages de lin, de coton et de laine, les fabriques de drap, les filatures mécaniques, les ateliers d'impression d'étoffes, les teintureries; les fabriques de plumes métalliques et d'épingles; les sucreries, papeteries et fabriques de bronzes; les verreries, les porcelaineries,

---

(1) Les premiers chapitres du *Travail des Femmes au 19º siècle*, de Mr Paul Leroy-Beaulieu, sont fort intéressants à consulter au sujet e cette lutte.

la peinture sur verre ; les filatures de soie, les tissages de rubans et de soieries ; la fabrication du savon, de la chandelle, du caoutchouc ; les fabriques d'ouate et de paillassons ; la maroquinerie et le cartonnage ; les fabriques de dentelles et de passementeries ; la fabrication de la chaussure et des objets en cuir ; la bijouterie, les ateliers de galvanoplastie ; les raffineries d'huile et de matières grasses ; les usines de produits chimiques de tous genres ; la manutention des chiffons et guenilles ; les fabriques d'écorces, le découpage sur bois : la xylographie ; la peinture sur faïence ; la fabrication et le blanchiment des chapeaux de paille ; les manufactures de vaisselle et de tabac ; les fabriques de colle et de gélatine, la pelleterie, la chapellerie ; la fabrication des jouets ; les moulins à broyer le lin, l'industrie des laines de shoddy et celle des cheveux ; l'horlogerie, la peinture en bâtiments ; le nettoyage du duvet, la fabrication des pinceaux et des pains à cacheter ; les poudreries et les fabriques de matières explosives, d'allumettes phosphoriques et d'arsenic ; l'étamage du fer blanc ; l'imprimerie et la composition typographique ; la taille des pierres fines ; la lithographie, la photographie, la chromolithographie et la métachromotypie ; la tuilerie, la fonderie et les usines métallurgiques, la construction des bâtiments et des chemins de fer ; les mines, le transport des bateaux par voie fluviale et par les canaux... etc.

Cette énumération, au premier abord fastidieuse, se révèle après une seconde de réflexion ce qu'elle est en réalité : tragique.

Ainsi la femme, la femme frêle, gracieuse, adorable, source de joie, inspiratrice de toutes les folies et de toutes les extases, la femme qui porte l'humanité future en ses flancs, la berce dans ses bras, la nourrit, la console, la femme, pour laquelle les poètes épuisant les somptuosités de leur rimes n'ont pas assez d'étoiles, de fleurs, de parfums, de rayons, la femme est employée à la manutention des chiffons et guenilles; elle fabrique la colle de poisson et la gélatine, la poudre, l'arsenic et autres produits chimiques; elle étame le fer blanc, elle est utilisée dans les usines métallurgiques, les moulins à broyer le lin, la pelleterie et la verrerie !

Cette sèche nomenclature ne nous a mentionné aucun détail, aucun renseignement et cependant elle donne le frisson : ne suffit-il pas en effet de dire : métallurgie, verrerie, pour voir la gueule rouge des fours, sentir la brûlure qu'ils jettent au visage, pour étouffer dans l'atmosphère épaisse, surchargée de poussière et de débris pernicieux ?...

Et si nous essayons de nous renseigner par les livres, par les rapports, les enquêtes, nos préventions se justifient, nos craintes imaginatives se réalisent, sont effroyablement surpassées par l'indéniable Réalité.

Que nous dit, en effet, le rapport du docteur Kuborn sur la situation des femmes dans les houillères de Belgique ? « Elles sont employées à transporter dans les fausses voies ou voies intermédiaires, c'est-à-dire, dans les galeries les moins élevées, du charbon pendant le jour, des pierres et des terres pendant la nuit; elles manient les freins, elles attachent les chariots sur les plans inclinés, elles font le service des pompes, elles sont chargées aussi de la ventilation des travaux préparatoires... Elles commencent leur journée à quatre, cinq et six heures du matin, la durée du travail est pour elles de huit à douze heures; » et le docteur fait une sombre peinture de ce labeur pénible et grossier à plusieurs centaines de mètres au-dessous du sol, dans une atmosphère viciée, avec les sauts les plus brusques de la chaleur suffocante aux courants d'air glacés, avec le grisou qui toujours rôde, l'éboulement qui menace, l'inondation qui peut survenir; il nous signale les accouchements avant terme, les avortements par suite de la station verticale prolongée, des efforts persistants, des coups et des chutes.

D'autres rapports nous mettent sous les yeux les souffrances des ouvrières des usines...

Ils nous signalent la phtisie cotonnière, le retentissement du métier mécanique dans la poitrine de la tisseuse, la chaleur des salles où s'impriment et s'apprêter les étoffes. Ils nous font remarquer que les métiers poussiéreux engendrent les maladies de poitrine, (les poussières servant de véhicule aux microbes); ils nous montrent les jeunes filles de dix à douze ans lançant (dans le tissage des laines) la navette durant dix heures chaque jour. Dans l'industrie de la soie ils nous dénoncent le tirage des cocons et le cardage de la filoselle: l'un amenant le mal de bassine, les vomissements de sang, les fièvres putrides, l'autre les opthalmies et tous deux l'implacable tuberculose qui, du reste, n'est spéciale à aucun métier ni à aucun sexe.

D'autre part les rapports signalent les tailleuses de cristal, toujours penchées sur leurs roues, toujours les mains dans l'eau, toujours aspirant les débris de verre; et aussi les cardeuses de matelas, les mélangeuses de poils de lapin et de castor pour chapeaux, dont les métiers, dans leur simplicité primitive, sont éminemment nuisibles et insalubres.

Le rapport du docteur Haxo provoque notre pitié sur le sort des brodeuses des Vosges, silencieusement courbées sur leur ouvrage quelquefois dix neuf heures par jour ; ils nous les montrent mangeant assises à leur travail, leur pain sur les genoux, sans quitter l'aiguille de peur de perdre un quart d'heure.

D'autres décrivent les maladies des dentellières : c'est-à-dire la faiblesse de la vue, l'irritation et la rougeur des paupières, résultant du travail assidu et minutieux et de la poussière du blanc de plomb ; ils nous dénoncent l'intoxication, que cette même poussière, en s'introduisant dans les voies respiratoires et digestives, détermine chez les ouvrières occupées à l'opération du battage ou à l'application et à l'ajustement des dentelles blanches.

Les travaux des couturières, des lingères, des modistes, seraient plus doux, plus appropriés à la force de la femme, s'ils n'étaient excessifs et mal rétribués.

Nous n'entrerons sur cette question des salaires dans aucun détail ; nous ne citerons qu'un seul exemple de la médiocrité des salaires, celui des ouvrières en lingerie plates, ces humbles couturières de blanc qui sont légion et qui gagnent au plus par chemise — une chemise demande un jour de travail — 1 fr. 25.

Encore ce prix va-t-il s'abaissant chaque jour par la concurrence des ouvroirs et couvents, ainsi que nous l'apprend M. Leroy-Beaulieu, dans son *Travail des femmes*, page 370 : « Est-il vrai, dit-il, que toutes ces
» institutions charitables aient pour effet de déprimer
» les salaires ?

» Quoiqu'il nous en coûte de jeter le blâme le plus
» léger sur des institutions aussi saintes par leur esprit,

» aussi philanthropiques par leur but, que ces ouvroirs,
» ces providences, ces préservations, nous sommes
» contraints de reconnaître que, dans leur organisation
» actuelle, ces établissements ont trop souvent pour effet
» de porter un coup funeste au travail des ouvrières du
» dehors et de réduire dans une proportion notable
» leur rémunération. »

Et les salaires s'abaissent toujours... et des milliers de femmes vivent avec ces salaires dérisoires... Qu'on y songe : vivre, c'est-à-dire se nourrir, se vêtir, se loger, se soigner si l'on est malade, avec 1 fr. par jour !

A Paris, comme à Londres, elle peut être chantée tous les matins la chanson de Thomas Hood, la fameuse chanson de la chemise qui remua l'Angleterre :

> Pique, pique, pique !...
> Dès l'heure où le coq chante au loin,
> Et pique, pique, pique
> Jusqu'à l'heure où l'étoile vient briller à la fente du toit.
> Oh ! c'est à souhaiter d'être esclave
> Au pays du More
> Là-bas où la femme n'a point d'âme à sauver,
> Si ce travail est un travail de chrétien !...

—

> Pique, pique, pique
> Jusqu'à ce que la tête te tourne,
> Pique, pique, pique,
> Jusqu'à ce que tes yeux s'alourdissent et s'obscurcissent
> Une couture, puis un plastron, et puis un col,
> Un col, puis un plastron, puis une couture encore
> Jusqu'à ce que je m'endorme sur les boutons,
> Et que je les couse en rêve.

—

Oh ! hommes qui avez des sœurs chéries,
Hommes qui avez des mères et des épouses,
Ce n'est pas du linge c'est notre vie,
La vie de créatures humaines
Que vous usez nuit et jour !...
Coudre, coudre, coudre encore,
Dans la faim, dans la crasse et dans la misère
Coudre à la fois avec un double fil
Un linceul en même temps qu'une chemise...

—

Mais pourquoi parler de la Mort ?
Ce fantôme aux lugubres os ?
C'est à peine si je crains sa forme terrible,
Elle est si semblable à la mienne
Si semblable à la mienne,
A cause des jeûnes qui me sont imposés...
O Dieu ! Dire que le pain est si cher,
Et que la chair, que le sang sont si bon marché !... (1)

* * *

Une des plus tristes conséquences du travail de la femme, est la concurrence que ce travail vient faire à celui de l'homme. Cette concurrence excite une sourde rage chez l'homme et, s'il est juste de reconnaître que, dans une certaine mesure, cette rage est compréhensible, puisque le travailleur voit son salaire diminuer, il est également juste de remarquer que la femme est poussée au travail par les nécessités économiques les plus impérieuses.

On se plaint, dans toutes les industries, de cette intrusion de la femme.

---

(1) Traduction de Mme Andrée Dardenne de Tizac.

Voici, par exemple, un article d'un imprimeur, M. Deverdun, sur la lutte qui existe entre les maisons d'imprimerie, qui, pour vivre, tâchent d'enlever les commandes aux concurrents à force de tarifs réduits, et toujours de plus en plus réduits. Dans l'imprimerie, les maisons qui emploient les femmes et les enfants, personnel facilement exploitable, acceptant des salaires dérisoires, sont, paraît-il, les seules qui peuvent satisfaire leur clientèle à des prix infimes. La clientèle ne voit naturellement qu'une chose : telle maison accepte de faire pour cinquante francs un travail qui coûte ailleurs cent francs, donc elle donne sa commande à la première, ou impose aux autres le même tarif.

Le résultat est navrant : les maisons consciencieuses, payant raisonnablement leur personnel, sautent ou sont obligées d'imiter celles qui exploitent leurs ouvriers.

Il est évident que la cause de ce mal provient de l'introduction de la femme dans cette industrie, autrefois réservée aux hommes seuls. Mais qu'y faire? La femme a droit au pain, à la vie, elle aussi; elle se précipite sur tous les moyens possibles de subsister et quand un homme ne peut la nourir ou qu'elle a horreur de la prostitution — qui est du reste un métier très encombré, dont les salaires, dit-on, s'abaissent de plus en plus — la femme se jette sur n'importe quel travail comme une bête affamée sur sa proie.

On vient de publier en Angleterre une statistique bien curieuse à cet égard.

On y voit figurer 212 femmes médecins, 140 femmes dentistes, 3 femmes vétérinaires, 3,699 femmes artistes, dont 212 peintres d'enseignes et 1219 femmes versées dans le journalisme ou la littérature; mais ce n'est pas tout : on y trouve 219 fossoyeuses, 660 cochères de fiacres et de voitures, 8 cochères d'omnibus, 316 forgeronnes, 6 armurières, 54 ramoneuses, 4 chaudronnières, 58 changeuses et 382 voyageuses de commerce, dont 94 voyagent en vins, bières et liqueurs.

Il en est à peu près de même en France. La femme est à l'affût, à l'assaut de toute nouvelle situation ; elle est toujours prête à se substituer à l'homme pour peu qu'elle en voie la possibilité. Dans les banques, dans les ministères même, — notamment au ministère du Commerce où l'on emploie des sténographes et dactylographes femmes — elle s'insinue peu à peu, grâce à la modestie de ses prétentions qui résultent de son impossibilité à trouver du travail bien payé ; et les métiers réservés spécialement aux hommes finiront, les uns après les autres, par être tous envahis.

De cette offre incessante de la femme, se produisant juste au moment où l'invention des machines permet de réduire le nombre des ouvriers, est résulté un abaissement considérable des salaires et c'est tout naturel.

A ce propos, voici ce que quelques-uns soutiennent.

Dans certaines industries l'homme qui autrefois travaillait dix heures par jour pour un salaire de ...... travaille aujourd'hui le même nombre d'heures pour les 3/4 de ce salaire et dans cette même industrie, la femme travaille le même nombre d'heures que l'homme pour un salaire trois fois moindre — de sorte que le ménage travaille vingt heures pour gagner à deux ce que l'homme gagnait seul autrefois, d'où il résulte que les heures pénibles et douloureuses de travail sont le seul gain obtenu : c'est grotesque et navrant !...

Du rapide et superficiel regard que nous venons de jeter sur la situation de la femme par rapport au travail, il ressort, du moins, quelques faits essentiels et indéniables : difficulté pour la femme de se procurer ce travail, insuffisance dérisoire de ses salaires, fatigues, peines de toutes sortes, dangers de maladie et d'accidents, mort prématurée, mécontentement de l'homme, abaissement général des salaires, crise économique très grave....

Ces faits, mis en regard des grands avantages obtenus par la femme en Europe et en Amérique, nous permettront-ils de répondre à une question qui nous préoccupe depuis le commencement de nos recherches sur l'histoire de la femme : la condition de la femme de race blanche est-elle supérieure, égale ou inférieure à celle de la femme des races noire, rouge ou jaune ?....

Si l'on considère une femme française ou belge jeune, jolie, élégante, riche, ayant un très bon mari qu'elle aime et qui l'aime aussi, un ou deux beaux enfants, une excellente santé, et si on la compare à la femme de race noire, qui peine à broyer son couscous du matin au soir, largement rémunérée de coups d'étrivière par son époux; à la femme peau-rouge, à la femme samoyède, à la femme mandchoue, à demi mortes de travail sous l'œil paisible des hommes, à la chinoise, à la turque étiolées dans leur harem, on la juge heureuse.

Mais cette femme jeune, jolie, etc., ne se trouve pas à Paris ni à Bruxelles dans toutes les maisons — ni à tous les étages. — Du reste l'équilibre nécessaire au parfait bonheur tend constamment à se rompre, il se rompt, pour un rien, pour moins qu'un rien, par la marche de la vie — *coll'andare della vita*, comme disent les Italiens. Ainsi la première partie du programme : jeune, jolie, est bien vite réduite au triste état de souvenir. Admettons cependant que ce difficile équilibre se rencontre puisqu'il est possible, et remarquons que cette possibilité c'est déjà très beau, puisqu'elle n'existe pas en dehors de nos pays d'Europe et des Etats-Unis d'Amérique, cet Eldorado de la femme.

Donc, nous l'admettons, il est possible qu'il y ait des femmes heureuses. Combien sont-elles ? — Combien réalisent les conditions de bonheur que nous venons d'énumérer ?

Sans entrer dans des chiffres, sans se perdre dans des détails on peut répondre sans craindre de se tromper : très peu.

Et tout autour, à côté, au dessous de ce petit nombre de femmes heureuses, commence le nombre de plus en plus grossissant de celles qui le sont moins, de celles qui le sont peu, de celles qui ne le sont pas...

Que la femme jeune, jolie, riche, dont nous parlons, regarde autour d'elle : elle verra, peut-être, sa mère délaissée, sa sœur divorcée, sa tante aigrie dans le célibat, ses cousines ruinées; elle verra à coup sûr des amies, en quantité, malheureuses dans leur ménage, cherchant des aventures pour se distraire et ne trouvant que nouveaux malheurs; elle verra l'institutrice de ses filles souffrant de sa situation secondaire et précaire; elle verra leurs maîtresses de piano et de dessin courant le cachet, toujours affolées par la crainte de perdre des élèves; elle verra sa femme de chambre... pour le bonheur des femmes de chambres que l'on consulte M. Octave Mirbeau; — elle verra sa couturière, son essayeuse de jupe se traîner autour d'elle sur les genoux pendant des heures, — car la femme heureuse ne trouve jamais ses jupes assez bien faites — elle verra sa corsetière inquiète sur sa fin de mois, sa blanchisseuse qui ne sait comment payer son loyer, sa coiffeuse dont la fille malade est à l'hôpital... alors la femme heureuse — un peu triste peut-être — s'habillera pour le bal, et les linons, les batistes, les dentelles, les soies, les velours, les broderies dont elle se couvrira, les fleurs dont elle se parera lui diront : « femme heureuse, nos fils sont des fils de vie humaine, nos couleurs sont du sang et de la chair meurtris et ce n'est pas de la batiste, de la soie, du velours, de la dentelle que tu poses sur ton corps, mais de la peine, de la misère, de la douleur de créatures humaines... Et le cercle douloureux autour de ce point infime et brillant, la femme heureuse, ira toujours s'élargissant, s'agrandissant jusqu'à se confondre avec celui de l'horizon....

Alors, si, nous adressant à l'une des innombrables femmes qui grouillent à l'obscure circonférence, et si, comparant sa situation à celle de la négresse ou de la chinoise, nous la questionnons, que répondra-t-elle ? — La femme anémiée de la couture, la femme phtisique de l'industrie cotonnière, l'ophtalmique et l'intoxiquée de la dentelle, la femme des usines, la chiffonnière, l'ouvrière des industries métallurgiques, noire de suie, de crasse, en haillons, couchant dans un taudis, sur des loques, pêle-mêle avec six ou huit enfants braillant la faim, battue par l'homme fou d'alcool et de misère, toutes ces femmes nous répondront d'une seule voix, répétant elles aussi le couplet de la chanson de la chemise : « Mieux vaut être esclave au pays du More, » là-bas où la femme n'a pas une âme à sauver,… si ce » travail est un travail de chrétien !… »

Et s'il nous faut conclure nous dirons : sauf quelques points inaccessibles à la foule, points plus nombreux, il est vrai, en Europe que dans les autres parties du monde, la douleur de la femme est étendue sur le globe comme un lugubre océan sans rive et sans borne. C'est la mer cruelle, la mer mauvaise, que veut fuir la barque de Dante, mais en vain, car elle enveloppe la terre !… Elle peut différer dans ses aspects, partout elle atteint la même profondeur… Si la femme des sauvages reçoit plus de coups, encourt plus de mépris, du moins elle mange à sa faim et ne craint pas d'être chassée de sa hutte de branches… — si la femme asiatique est prisonnière, du moins elle a les fleurs, les riches vêtements, les somptueux tapis… et si la femme européenne a plus de droits civils, plus de considération et plus de liberté, elle a aussi des nerfs plus délicats, une sensibilité plus vive, plus d'*aptitude* à la souffrance et, nous l'avons vu, l'homme, la société, peuvent lui faire toucher le fond de la misère humaine… Donc nous concluons : dans les pays civilisés la douleur de la femme est autre ; elle est aussi grande et l'immense lamento, qui, d'un bout à l'autre de la planète, sort de toutes les poitrines de femmes, se rejoint en un trop parfait unisson.…

CHAPITRE VII

L'Homme est-il l'ennemi de la Femme ?

« De toutes les créatures douées du souffle de vie, qui « se meuvent sous le vaste ciel, la plus malheureuse, c'est « l'homme. » — Cette parole de l'auteur de l'Iliade énonce une incontestable vérité. — Pas une seule espèce animale ou végétale n'éprouve, en effet, autant et de si cruelles difficultés à résoudre le problème de la subsistance, que l'espèce humaine : des maux sans trêve et sans nombre l'accablent, et elle ne s'en délivre que pour en voir surgir d'inattendus et de plus terribles.

Il est cependant des différences et des degrés dans le malheur. Quelques rares humains réalisent, j'aime à le croire, le maximum du bonheur ; d'autres languissent dans la misère et la souffrance, sans possibilité d'en sortir... mais quelque grandes et variées que soient les douleurs de l'homme — si l'on convient de désigner par ce nom d'homme le seul sexe masculin — on les trouvera de beaucoup surpassées par celles de la femme.

Remarquons-le, en effet, tous les maux inhérents à la nature humaine accablent la femme aussi rigoureusement que l'homme ; comme lui, elle va de l'enfance débile à la vieillesse décrépite, elle est passible des mêmes maladies, accidents, blessures, infirmités ; les souffrances de la misère, les privations de toutes sortes, le froid, la faim, la fatigue ne l'épargnent pas, au contraire ; les grands fléaux qui déciment les races humaines : la peste, la famine, les incendies, les inondations, les ouragans et les tremblements de terre l'entraînent avec l'homme dans leurs œuvres de mort, et la guerre elle-même, malgré l'éternel argument des anti-féministes, lui fait sentir toutes ses cruautés.

« La femme ne va pas à la guerre », disent-ils. C'est vrai, mais la guerre vient à la femme, elle entre dans son pays, dans ses champs, dans sa maison ; elle ruine, elle viole, elle égorge...

Et pour les citer à l'appui de ce dire, point n'est besoin d'évoquer les ombres des mortes des temps anciens : des survivantes en Chine, au Transvaal, en Mandchourie, trouveraient peut-être un reste de force pour narrer les horreurs de ces guerres que l'Histoire n'a pas encore eu le temps d'enregistrer. Non, la guerre n'adoucit pas plus sa rigueur pour la femme que pour l'homme ; et en cela, comme en toutes choses, le malheur les frappe du même poing.

La femme possède donc, en tant qu'*être* faisant partie de l'humanité, toutes les possibilités, toutes les aptitudes à souffrir, inséparables de l'humanité. C'est bien évident ; mais, de plus, elle possède une part immense de douleurs, une somme personnelle de douleurs qui lui revient en tant que femme, s'ajoute à sa souffrance purement humaine et fait ordinairement de sa vie on ne sait quel obscur calvaire qu'elle monte fléchissante, épuisée, sous le poids de sa double croix.

Que l'on ne me taxe pas d'exagération, bien que cela soit facile, car nous vivons en un point du temps et de l'espace et surtout dans une certaine couche sociale où la femme a atteint un degré supportable de liberté et de bien-être; mais, ne l'oublions pas, ce point est très circonscrit ; et si les femmes de notre temps et de notre monde sont relativement heureuses, il ne faudrait pas remonter bien haut dans le passé, ni descendre de beaucoup de degrés vers l'équateur ou vers le pôle, ni regarder beaucoup au-dessous de nous dans les classes travailleuses, pour trouver la misère féminine dans toute son horreur.

Mais ne sortons pas de ce cercle restreint : ne pénétrons pas une fois de plus en cette Afrique noire, véritable enfer de la femme, dans ces villages des Cafres ou des Hottentots qui, la nuit, retentissent des longs hurlements des femmes bastonnées par leur mari; ne dénombrons pas à nouveau les entraves qui, dans l'antiquité et le moyen-âge, ligottèrent la femme; n'allons pas d'avantage dans l'intérieur de ces fabriques où les longues heures de travail usent fibre à fibre la vie de la femme.

Et même ne parlons pas de ces criantes injustices de la loi à l'égard de la femme, injustices qui nous atteignent toutes; ni des bizarreries et des partialités que les mœurs et les coutumes ont gardées envers nous ; envisageons simplement la nature féminine et cela seul : cette faiblesse arrêtée par le moindre obstacle, ce manque d'agilité et d'intrépidité, qui, plus que tout le reste, nous fait la sujette de l'homme, cette grave maladie chronique aux douze crises annuelles, cette maternité avec ses grossesses pénibles, ses accouchements dangereux, ses allaitements épuisants, avec l'éducation de l'enfant et toutes les fatigues, les dévouements, les larmes qu'elle coûte, cela seul suffira pour montrer de combien de douleurs déborde pour la femme la coupe des douleurs...

Mais voici où ce préambule veut aboutir : la pitoyable situation de la femme « plus malheureuse que la plus « malheureuse de toutes les créatures douées du souffle « de vie qui se meuvent sous le vaste ciel », est l'œuvre de l'homme; oui, c'est l'œuvre inconsciente de l'homme, ce sont les effets manifestes de la force masculine annulant la force féminine depuis de si longs siècles...

Et je ne veux pas dire seulement que la tyrannique domination de l'homme a fait le malheur de la femme au sens social, en la privant de tout droit, en l'emprisonnant dans des gynécées, en l'accablant de travaux, de devoirs et de mépris; non, selon moi, au sens physique, moral et intellectuel, l'infériorité de la femme, son incapacité sur tant de points, cet état de faiblesse nerveuse et maladive qui semble sa nature même — et la forme de son corps, ses muscles atrophiés, l'exagération de son tissu adipeux, toute cette féminité misérable est l'œuvre de l'homme, le produit d'une longue et inconsciente sélection, le résultat de l'adaptation à un milieu créé et imposé par l'homme.

Qu'on ne croie pas qu'en avançant cette idée je me complaise dans l'exagération et le paradoxe... qu'on n'y voie pas non plus l'outrance d'un féminisme exaspéré, — je l'émets simplement parce que je la crois juste; et, si l'on veut me suivre un instant, on reconnaîtra qu'elle est complètement conforme aux règles de la science moderne.

*
* *

La découverte des lois de l'évolution a bouleversé notre antique conception du monde : tout ce que nous ne parvenions à comprendre qu'à l'aide d'interventions d'une puissance surnaturelle ; — tout ce qui nous paraissait établi à la faveur d'un plan préconçu et invariable s'est révélé à nous sous un nouvel et lumineux aspect.

L'espèce n'est plus immuable : elle est éminemment plastique et changeante…. Elle coule, prenant toute forme, pétrie par les circonstances, façonnée par les milieux, retransformée et colorée par les forces cosmiques; car la pesanteur, le froid, la chaleur, la lumière ont sur les corps et les couleurs les pouvoirs les plus actifs. Un facteur puissant, l'hérédité, peut bien, pour un temps, immobiliser dans l'espèce les formes et les qualités acquises, mais de tous côtés, forces et circonstances, montant à l'assaut, les usent et les entraînent dans des modifications éternelles.

Ainsi les espèces se sont formées, venant de loin ; l'homme et le singe sont les descendants affinés d'un ancêtre commun ; les mammifères eux-mêmes sont issus, soit, disent les savants encore divisés sur ce point, d'un amphibiens tégocéphale, soit d'un reptile thériomorphe ; enfin les vertébrés se désarticulent, se segmentent, se gélatinisent, se rattachent aux cœlentérés, aux crustacés, aux arachnides et les espèces se fondent dans les familles, les familles ne se distinguent plus des classes, les classes se mêlent aux ordres, les ordres sont un : la cellule primordiale, mère des végétaux et des animaux.

D'un autre côté, les lois de l'évolution appliquées aux autres phénomènes de l'Univers se sont trouvées en concordance avec tous : les astres qui brûlent, s'éteignent, se contractent, se refroidissent, évoluent, — les sociétés qui se forment, s'organisent, s'accroissent, se désagrègent, — évoluent.

Et, de tous les êtres, un seul, planant au-dessus de l'absolu de cette loi, s'y déroberait?

La femme seule échapperait à l'entraînant tourbillon?

Ce n'est ni soutenable, ni, il faut le dire, soutenu. La femme, comme le reste de l'Univers vivant, est déterminée corps et âme par les forces qui l'environnent; elle se façonne, elle se modèle au gré des circonstances, au hasard ou au choix des croisements — et l'hérédité fixe pour un temps chez elle les qualités acquises par l'adaptation au milieu et par la sélection.

Appliquez à la femme les lois de transformation des êtres organisés, et vous verrez quelle admirable explication elles vous donneront à l'instant de tout ce que la nature féminine contient d'anormal et de misérable — et vous verrez aussi que cette misère et cette anomalie sont l'œuvre inconsciente mais incontestable de l'homme.

Prenez la femme telle que nous la donnent les ossements fossiles les plus anciens, ceux par exemple de la vieille race quaternaire dite de *Cro-Magnon*, c'est-à-dire ceux d'un être égal à l'homme en grandeur et en puissance d'ossature et qui, par conséquent, devait aussi l'égaler en force, et supposez cet être soumis, pendant de longs siècles, au régime qui lui a été peu à peu imposé : d'abord, un manque d'exercice, — la femme demeurant dans la caverne pour nourrir et garder ses enfants que l'homme défendait au dehors; — puis, ce premier état de choses se prolongeant et amenant une légère déperdition de force chez la femme et permettant de lui infliger un travail accablant, sans interruption, sans nourriture suffisante ; — supposez aussi cet être condamné aux unions précoces, aux maternités prématurées et trop fréquentes, n'êtes-vous pas absolument certains qu'ainsi traité, il subira, en quelques générations, une diminution très grande de force et de taille ?... Diminution ralentie, il est vrai, par l'hérédité du père qui, lui, au contraire, se développera en vigueur, grâce aux exercices violents mais courts et sains, entrecoupés de longs repos et de plantureux repas, que lui procurent la chasse et la guerre, ses seules occupations.

L'assujettissement de cet être achevé, supposez encore, — et c'est, hélas ! la triste vérité — que l'homme fasse un choix entre ses nombreuses esclaves, en tienne quelques-unes dans une sévère claustration, loin du grand air et du soleil, sans travail ni aucun exercice physique et que celles-ci soient bien nourries, n'est il pas évident qu'il se produira une nouvelle variété de femmes, qui gardera de la variété précédente la petitesse de taille et la faiblesse déjà acquises, mais s'amollira dans ses formes, s'arrondira dans ses contours, prendra la douceur d'épiderme, la nonchalance et la grâce des attitudes qui caractérisent ce qu'on appelle la jolie femme ? Et cela d'autant plus, que le goût des hommes se portant davantage sur les femmes ainsi douées, — je parle pour nos races Indo-Européennes, car dans les races jaunes et noires le goût des hommes est autre et donne nécessairement d'autres résultats — une sélection inconsciente mais ininterrompue s'établira et accroîtra les caractères déjà obtenus.

L'hérédité, à son tour, intervient et les conserve, les

enracine, donne l'apparence de la fixité dans l'espèce, ce que les ignorants appellent la nature de la femme et qui leur parait immuable, parce que, depuis le petit nombre d'années que comportent les temps historiques, elle n'a guère changé !

Ainsi donc s'explique le dimorphisme qui, dans l'espèce humaine, fait de la femelle de l'homme une créature déshéritée sous le rapport physique, mais si parfaitement adaptée à sa fonction de servante de l'homme, qu'elle a perdu toute initiative personnelle et jusqu'au sentiment de sa dépendance.

On peut donc conclure en toute certitude que le malheur séculaire de la femme est l'œuvre de l'homme.

Avant d'aller plus loin, avant de rechercher quels sont les ennemis de la femme, — au nombre desquels vous croyez peut-être que je vais mettre en première ligne l'homme en général — attardons-nous un peu sur ce point délicat et important : l'infériorité de la femme, œuvre de l'homme.

L'adaptation trop grande de la femme à ses fonctions est le meilleur argument des anti-féministes : c'est la massue avec laquelle ils prétendent nous écraser. Il considèrent, en effet, cette adaptation, *non* comme la résultante de qualités acquises, mais comme une manière d'être essentielle, inséparable du sexe féminin ; ils ne peuvent concevoir la possibilité d'une amélioration sur ce point, sans craindre l'anéantissement de tout le genre humain.

Ils se trompent ; ils ignorent que le dimorphisme n'est pas essentiel ni même nécessaire entre les deux sexes d'une même espèce, et que celui de l'espèce humaine constitue une exception presque unique.

Ils n'ont pas regardé, même d'un œil superficiel, les autres animaux. Ils n'ont pas vu la force, la souplesse, l'intrépidité de l'ourse, de la tigresse, de la louve; — ils n'ont pas vu la rapidité de la jument, l'endurance de la chamelle, les qualités de chasseresse de la chienne, ou plutôt, s'ils les ont vues, ils les ont appliquées aux mâles de ces espèces, qu'aucune différence autre que sexuelle pourtant, ne distingue de leurs femelles.

Pour prouver la supériorité de l'élément mâle, peut-être vous parleront-ils de la crinière du lion, de la crête du coq, sans se douter que ce sont des caractères *secondaires* acquis dans les batailles pour la conquête des femelles, mais qui se perdraient en quelques générations si ces batailles étaient supprimées, et, pour donner des preuves de l'infériorité invétérée des femelles, ils citeront la vache et la brebis, sans réfléchir ou sans savoir qu'ils tombent justement sur deux espèces qui, de temps immémorial, subissent le pouvoir sélectif de l'homme et qui, du reste, sont si aptes à le recevoir que Lord Somerville écrit au sujet de ce que les éleveurs ont fait à l'égard des moutons : « Ils sembleraient qu'ils aient esquissé une forme parfaite et qu'ils lui aient ensuite donné l'existence. »

Comment se fait-il cependant, serait-on en droit de nous dire, que si la différenciation si grande entre les sexes est due à l'action opprimante de l'homme, les savants ne se soient pas préoccupés de cette question, ne l'aient pas démontrée et prouvée ou simplement discutée ?

Ils considèrent cependant que chaque production de

la nature a son histoire; ils regardent chaque organe et chaque instinct comme la résultante d'un grand nombre de combinaisons partielles dont chacune a été utile à l'individu chez lequel elle s'est produite, ou bien lui a été imposée par des forces qu'il n'a pu surmonter; ils ont étudié dans leurs origines la plupart des plantes et des animaux, ils connaissent le pourquoi de leurs modifications et la raison de leur variabilité; comment se fait-il que pas un d'eux n'ait daigné faire de la nature exceptionnelle de la femme une étude approfondie, n'ait recherché les causes de cette étrange différenciation?

Cette question est du nombre des questions réservées : il n'est ni agréable, ni avantageux d'y toucher.

En effet, l'immuabilité du type de la femme considéré comme complément du type de l'homme, constituant tous deux la famille, appartient à cette catégorie d'idées très anciennes et très respectées sur lesquelles des systèmes religieux et sociaux ont été échafaudés. On ne peut y porter la main, sans risquer de produire des craquements et même des écroulements désastreux pour ceux qui se sont commodément installés dessus.

Aussi quelle circonspection! quelle lenteur!... On n'avance qu'à pas mesurés vers l'application d'un principe qu'on ne discute plus en tant que principe.

Voyez, par exemple, pour l'origine de l'homme. Darwin lui-même, après avoir fait paraître son ouvrage *De l'Origine des Espèces*, hésita dix ans avant de se décider à comprendre l'espèce humaine dans les autres espèces animales, avant d'appliquer à cet être transformable ses lois de la transformation des êtres organisés.

La recherche de l'origine de la différenciation trop grande de la femme, provoquerait le même émoi, le même scandale... Car si la généalogie de l'homme, remontant jusqu'au singe, porta à la Bible et par conséquent aux religions appuyées sur elle, un coup dont je crains bien qu'elle ne puisse se relever, la généalogie de la femme en tant qu'être différencié morphologiquement du mâle de son espèce, remontant non au singe, non aux hommes de l'époque tertiaire et du commencement de l'époque quaternaire même, mais à ceux des derniers âges quaternaires, — différenciation uniquement due au surmenage, aux mauvais traitements, au genre de vie anti-hygiénique et barbare qui lui fut imposé par l'homme — portera à la société actuelle, à l'organisation actuelle de la famille, qui repose encore sur l'assujettissement de la femme, sur le servage au sens propre du mot, une atteinte dont elles ne pourraient éviter les funestes suites.

Voilà pourquoi les savants, — qui sont des hommes — ne se hâtent pas d'entreprendre ces recherches.

Mais tous les gens de bonne foi devront admettre que la déplorable constitution physique de la femme, et, par conséquent, son infériorité intellectuelle et son asservissement social, sont l'œuvre de l'homme.

Et cependant, malgré ce séculaire despotisme, si dur, si universel, et agissant avec tant de continuité et de force, que l'organisme féminin tout entier en reçut les plus profondes et les plus fâcheuses modifications, malgré, cet abus de force et l'imbécile glorification de sa victoire, l'homme est-il l'ennemi de la femme ?

Le fleuve est-il l'ennemi de la rive qu'il ronge peu à peu et qu'il finit par emporter? Le vent est-il l'ennemi de l'arbre qu'il déracine? Le tigre lui-même est-il l'ennemi de la proie qu'il saisit et dévore ?...

Non, le fleuve obéit à la force que détermine dans la masse de ses flots la pesanteur ainsi que la pente du terrain, — le vent secoue et déracine l'arbre, dont les branches font obstacle à la force qui entraîne ses molécules vers tel ou tel point de la planète, — le tigre mange l'antilope, parce qu'une souffrance aiguë et impérieuse tord ses entrailles et exige qu'à ses muscles et à son sang il donne du sang et des muscles.

L'homme n'est pas l'ennemi de la femme; pour son immense malheur, elle s'est trouvée moins forte que lui; il l'a domptée, il l'a exploitée; il l'a chargée du poids écrasant de la servitude. Il n'eut pas de haine contre elle. Certes, il la traite moins bien, en quelques pays, que ses bœufs, ses moutons et surtout ses chevaux, un seul animal, l'âne, est, comme elle, accablé de travaux, de coups et de mépris. — Mais pour l'une ni pour l'autre cependant, l'homme n'éprouve cette horreur farouche que l'on éprouve pour ses ennemis. Il utilise l'âne et la femme; il les maltraite, il leur laisse la vie.

**

L'histoire de l'âne a les plus grandes analogies avec l'histoire de la femme; ce ne sera pas sortir de notre sujet que de la raconter avec quelques détails.

Le malheur de l'âne est sans limites comme celui de la femme, et, comme elle, il les doit à son insuffisance de force, à son manque d'armes défensives.

Comme elle, toujours, il est tombé corps et âme entre les mains de l'homme, et l'homme ayant déformé et avili la femme, a aussi du brillant et rapide âne sauvage, de l'*équidé* robuste, à la robe claire et luisante, aux oreilles demi-longues, de la même taille à peu près que le cheval d'Orient et d'une rapidité presqu'égale, fait l'animal ignoble et chétif, dégradé par la domesticité, lent, paresseux, obstiné comme tous les êtres abâtardis, portant sur des jambes grêles un corps difforme, ballonné, couvert d'un poil rude et terne, tel qu'on le rencontre à peu près partout en France, à deux ou trois exceptions près (1).

Et cette laideur et cette misère, qui ne se peuvent nier puisqu'elles sont sous nos yeux, sont bien l'œuvre indéniable de l'homme.

Nous en avons la preuve absolue, puisque nous pouvons les comparer *de visu* à la beauté, à l'agilité, à la force de l'âne resté sauvage, qu'on trouve encore, ardent et vigoureux, entre le 20e et le 40e degré de latitude, dans les déserts de l'Asie.

Cette décadence si manifeste de l'espèce asine, a pu s'accomplir entièrement par la main de l'homme pour deux raisons : la première, le manque de force et d'armes défensives de l'âne ; et la seconde, son utilisation comme bête de somme.

La première de ces raisons, le manque de force, ou plutôt la diminution progressive de la force, coïncidant avec le manque de moyens défensifs, l'a mis naturellement à la merci de l'homme, et nous savons ce que c'est que cette merci : c'est l'usage jusqu'à l'usure, c'est le travail le plus dur avec la pitance la plus maigre, — le chardon de la route, l'herbe du fossé, s'il s'en trouve, — ce sont les coups jusqu'à extinction de force.

Aucun animal ne présente un tel degré d'abaissement

---

(1) En Gascogne, en Poitou.

et de misère, aucun animal n'est aussi dépourvu de toute protection, de toute défense.

En vérité, il n'est que la femme qui puisse lui être comparée sous ce rapport. Le chien, le chat, et même les oiseaux de basse-cour, coq et dindon, sont certes très au-dessous de lui comme taille et comme force, mais ils ont quand même bec et ongles, dents et griffes et ils savent s'en servir.

Ces animaux peuvent même, s'il sont maltraités ou mal nourris, quitter leur maître, s'en aller chercher fortune ailleurs. Les chats partent en maraude, délaissent la maison quelquefois des années entières, et les chiens errant par les rues, ne nous disent pas ce qu'ils ont souffert et pourquoi, tout à coup, ils s'attachent à nous...

Le mouton lui-même, si faible, si inoffensif, n'est désarmé qu'en apparence : si on lui impose trop de privations, de trop longues courses, si on le prive d'eau, si on l'expose au froid de la nuit, il a une grande et précieuse ressource : celle de mourir. Et comme il est l'unique fortune de certains peuples pasteurs, qu'il désaltère de son lait, nourrit de sa chair, vêt de sa laine, on prend soin de lui. Les Arabes font transporter à dos d'âne ou de chameau les tout jeunes agneaux entassés dans des « chouaris », sorte de paniers en alfa, jusque sur le lieu du pâturage, et, par les mauvais temps, ils les abritent sous leur tente.

Les privations, les brutalités, abrègent cependant la vie de l'âne, et de beaucoup, de la moitié, du tiers même, puisque l'âne sauvage vit une quarantaine d'années, et l'âne domestique de quinze à vingt ans, mais par malheur, la mort de celui-ci n'est pas immédiate, tragique, comme celles du mouton, de l'agneau, qu'un froid, qu'un coup de soleil emporte subitement; comme celle de la vache qui peut succomber en quelques heures pour avoir brouté un peu de trèfle mouillé. Et cet effet : la mort, survenant à la suite d'une cause quelconque : intempérie, fatigue, manque de soins, mauvais traitements, — et quelquefois si brusquement que la cause ne s'est pas encore éloignée, — frappe les imaginations, force de reconnaître l'une comme conséquence de l'autre, et, pour conserver ce bétail si nécessaire, oblige à quelques précautions.

La mort de l'âne, au contraire, est largement séparée des causes qui l'amènent; sa vie souvent n'est qu'une longue agonie, mais c'est une agonie travailleuse, et son dernier hoquet est un effort de travail; et cette paresse à mourir, éloignant la cause de l'effet, cache celle-là aux yeux inattentifs.

Du reste, rien n'est plus difficile à l'homme primitif et même à l'homme civilisé que de rattacher les effets à leurs vraies causes : toutes les grandes erreurs humaines proviennent de l'attribution des phénomènes non à leur cause réelle, mais à des causes concomitantes, ou bien encore à la confusion entre la cause et l'effet.

La seconde raison qui fit de l'âne ce souffre-douleur apitoyant les poètes, — on se souvient de l'âne et du crapaud de Victor Hugo — fut son utilisation spéciale comme bête de somme. On l'exploita, on lui fit donner sous ce rapport tout ce qu'il pouvait donner : il charria, il traîna, il porta tout ce qu'il pouvait porter, traîner et charrier; mais sa destinée, plus cruelle que la destinée de toutes les autres bêtes de somme, y compris la femme, voulut qu'on n'eût pas à l'utiliser d'une autre manière, par conséquent il subit d'un seul côté une exploitation à outrance que ne vint pas modérer le désir de ménager en lui le producteur d'autres avantages. Ainsi le bœuf est relativement heureux et sa chance vient de ce qu'il est comestible. Certes il travaille, il laboure, et la charrue est pesante, et la terre est dure à entr'ouvrir, et le remorquage des masses de bois et des pierres est pénible, mais le bœuf est nourri et même engraissé, il a chaud dans son étable, il s'endort dans la paille de sa litière, il boit une eau pure, on lui épargne autant que possible les coups (du reste on craint ses cornes), et son maître l'excite plus souvent de la voix que de l'aiguillon. En un mot, le bœuf est ouvrier mais aussi victuaille. Heureux en ce monde, ceux qui sont destinés à être mangés !

Le porc est du nombre de ces élus et il a le double bonheur d'être bon à manger et incapable de travailler.

Il mène, jusqu'au mauvais quart d'heure final, la plus béate existence. On ne lui *donne* pas à manger, ce qui est toujours un peu compté, on lui *prête* à manger : chaque bouchée est un placement...

La chameau, le renne sont des animaux à double ou triple emploi ; outre qu'ils sont d'admirables moyens de transport, leur chair, leur lait, leur peau, tout est précieux en eux : les valeurs de leurs produits se contrebalancent ; on n'oserait trop les pressurer pour un seul de ces produits, de crainte de sacrifier les autres.

L'éléphant est une force colossale, ses défenses transpercent un homme de part en part ; sa trompe le broie et le jette au loin, et ses pieds écrasent : cela suffit pour lui assurer le respect et les bons traitements.

Ainsi chaque espèce animale domestiquée, chaque catégorie *d'esclaves* est préservée de cette torture qu'est la *merci* de l'homme, soit par sa force et ses armes, soit par l'intérêt que peut avoir l'homme à ne pas l'user de tout côté à la fois; mais malheur à l'être sans défense, qui n'offre qu'une prise à son avidité !

Je n'ai pas à dessein parlé du cheval, car, au premier abord, il paraît constituer une exception.

En effet, il est spécialisé pour un seul emploi, celui de bête de trait et de somme, on ne l'engraisse pas pour la boucherie (ce n'est que depuis peu d'années qu'on cherche à l'utiliser sous ce rapport). Sa force cependant, supérieure à la force humaine, ne compte pas du moins pour lui-même; elle passe tout entière au service de l'homme, qui a pu si bien la capter, grâce à cet intervalle vide entre les incisives et les molaires, la *barre*, qui permet l'emploi du mors et de la bride, avec lesquels toute cette force frémissante peut être dirigée par la main d'un enfant.

Eh bien, cet animal sans force défensive et utilisé sous un seul rapport, n'est pas, comme l'âne, un animal déchu, malingre, misérable; au contraire, il est beau, fort et joyeux; il semble donner un démenti à mon opinion : il n'y a en ce monde d'autres droits et d'autre bonheur que ceux qu'on acquiert par la force ou qu'on obtient par intérêt.

Serait-ce donc par pure affection pour sa « plus noble conquête », par reconnaissance pour ses services, que l'homme traite doucement le cheval, qu'il le soigne avec amour, et lui donne nourriture abondante et logement sain ?

L'affection et la reconnaissance n'ont jamais, depuis que le monde existe, agi avec assez de généralité pour déterminer le sort d'une race (1).

Cependant, on ne peut le nier, la destinée du cheval est moins malheureuse que celle de l'âne, excepté certains chevaux de fiacre et chevaux de chantiers, vrais squelettes ambulants, saignant sous les coups, les vieux chevaux qu'on envoie à la pêche aux sangsues, et les petits chevaux des mines, condamnés à charrier le charbon sous terre et qui meurent à la peine sans jamais revoir le soleil ni paître l'herbe d'une prairie!

Mais ces exceptions, si nombreuses qu'elles soient, sont des exceptions, et un fait est bien certain, c'est que la race chevaline, au lieu de se dégrader dans les mains de l'homme comme la race asine, a, au contraire, atteint un degré merveilleux de perfection : l'âne domestique n'est que la grotesque caricature de l'âne sauvage, — notre cheval est incomparablement plus beau que son ancêtre le *tarpan* des plateaux de la Tartarie, qui est plus petit, plus faible, plus timide, dont la tête est lourde, laide, oreillarde, et le poil long, rude et grossier.

On aurait cependant le plus grand tort de croire que les bons traitements envers le cheval et l'amélioration de sa race, due à une culture consciente, antique, savante, qui, par des croisements intelligents, a multiplié

---

(1) On peut citer un exemple, un seul, de reconnaissance collective. C'était l'usage qu'avaient les Arabes, avant Mahomet qui abolit cette coutume, de fendre l'oreille et de laisser en pleine liberté une chamelle ou une brebis qui avait porté dix fois. On la déclarait *Saïba*; après quoi, personne ne pouvait la chasser d'un pâturage, ni d'auprès une fontaine, ni la faire servir de nourriture.

les variétés et diversifié les aptitudes, aient pour cause autre chose qu'un intérêt, et un intérêt puissant.

Le cheval est de tous les animaux le plus anciennement domestiqué : les dessins de la grotte de *La Moutte* en Dordogne, nous montrent deux équidés associés au renne et au mammouth ; l'un est une *hémione* qui n'a pas laissé de descendance domestique, l'autre est un équidé barbu, père sans doute de notre cheval, et c'est à lui peut-être que l'humanité doit sa survivance ; car le cheval, c'est la vitesse qui manque justement à l'homme, c'est la fuite, c'est le salut, c'est l'attaque prompte, c'est la victoire.

Voilà l'avantage précieux, voilà l'intérêt puissant qui l'emporte sur tous les biens que peut offrir un animal : viande, lait ou toison.

Aussi l'homme perdit de bonne heure l'habitude de manger le cheval (dont il ne se nourrit du reste qu'accidentellement) ; il trouve plus avantageux de le conserver pour la chasse, pour la guerre, pour l'émigration, pour la garde des troupeaux. Le cheval eut donc une place à part : il ne fut ni bétail ni bête de somme, mais il devint le moyen de conquérir et bétail, et bêtes de somme, et gibier, et butin.

Il devint l'auxiliaire indispensable de l'homme, une union intime s'établit entre eux et ce ne fut plus le lien de maître à esclave, mais une association à bénéfice réciproque : une *symbiose*.

Ces bénéfices furent énormes pour chacun des associés. L'homme à cheval apparut aux populations horrifiées comme une sorte d'être monstrueux, mi-homme, mi-bête : le centaure, et il put les balayer comme brins de paille.

Une poignée de cavaliers put subjuguer des peuplades entières; ainsi nous voyons encore aujourd'hui les Touaregs, par exemple, qui ont le cheval, soumettre les innombrables tribus des bords du Niger qui ne l'ont pas.

En effet, l'homme s'adjoignit par le cheval un afflux de force considérable, très supérieure à celles que pouvaient posséder les tribus pédestres; et il en profita, non seulement comme profite toujours le possesseur d'une nouvelle force entrant en jeu, que ce soit la pierre polie ou la poudre sans fumée, mais encore dans le cas présent, outre la plus-value de la force, il s'adjoignit les qualités physiques du cheval : la rapidité inappréciable pour l'attaque et pour la retraite, la souplesse des jarrets qui fait franchir les obstacles, la hauteur de la taille qui permet l'exploration des alentours suspects et le bruit des sabots sur le sol sonore, l'envolement de la crinière, le souffle de feu des naseaux et tout ce tourbillon de vigueur et de grâce qu'est le cheval lancé au galop, firent l'homme plus fort, plus grand, plus alerte, plus terrible et plus magnifique.

Le cheval, de son côté, a trouvé dans les soins intéressés donnés par l'homme, le milieu le plus favorable à son développement, car les services que l'homme exigeait de lui ne contrariaient en rien ses facultés naturelles, au contraire, ils les favorisaient. Le cheval se perfectionna donc dans le sens de ses aptitudes, ce qui est toujours un bonheur. — et peut-être le seul vrai bonheur.

Seul, de tous les animaux domestiques, il se fortifia et s'embellit. Ce fait est bien certain et bien facile à vérifier, car l'ostéologie permet à l'unique examen du squelette de distinguer, dans une même espèce, les races sauvages et les races apprivoisées (1).

Comme contre-partie, nous avons les os du cheval fossile beaucoup plus faibles que celui du cheval actuel; les chevaux sauvages d'Asie sont aussi plus petits que notre cheval, et enfin comme dernière preuve convaincante de la noble amélioration produite par l'homme, nous avons ce fait : lorsque le cheval domestique est rendu à la vie sauvage, en quelques générations il perd tous les avantages acquis.

Le *broncha*, cheval sauvage de l'Amérique, descendant des chevaux domestiques importés par les conquérants, avait perdu toutes ses qualités dans la liberté des steppes; depuis quelques années, on s'occupe de son amélioration, et déjà il s'affine tout en se fortifiant, il se mue en une race superbe qui bientôt viendra faire concurrence aux nôtres sur les marchés d'Europe.

Il n'est donc point douteux que l'association *caballo-humaine* procure les plus brillants bénéfices aux deux associés.

* *

De ces bénéfices, la femme fut exclue, naturellement, et, tandis que le cheval, compagnon, ami de l'homme, partageait sa vie aventureuse et sa gloire, la femme demeurait au logis, dégadrée par les soins pénibles et vul-

---

(1) La diminution d'épaisseur des os, la petitesse comparative des saillies d'attache des muscles, la plus petite dimension des défenses, de toute la mâchoire et du crâne distinguent, par exemple, le cochon domestique du sanglier. De même les dimensions réduites des cornes du bœuf, ainsi que toutes ses proportions, le différencient de ce formidable Bos primigenitus, l'Urus de César qu'il a décrit comme étant si féroce, si rapide, si fort et d'une taille à peine inférieure à celle de l'éléphant

gaies. Plus tard, ses travaux et son abaissement furent partagés par l'âne.

La domestication de cet animal fut en effet très postérieure à celle du cheval. A l'époque quaternaire même, les os de l'âne sont rarissimes; encore les quelques ossements retrouvés ne sont attribués à l'*equus asinus* que sous toute réserve. Cette apparition tardive de l'âne, suivie naturellement d'une domestication encore plus tardive, causa le malheur de ce pauvre animal. C'est facile à comprendre : lorsqu'il tomba sous le joug de l'homme, il trouva l'emploi pour lequel il était né, l'emploi que ses facultés d'agilité et de force lui permettaient d'occuper, pris par le cheval.

Alors de la bête de course et de combat qu'il aurait pu aisément devenir, on fit de lui, en faisant dévier ses qualités, une bête de somme, mais une chétive bête de somme, précieuse seulement par son admirable douceur, sa sobriété et sa résistance à toutes les misères. Et, comme la femme, il fut confiné autour de la maison, astreint aux basses besognes, écrasé sous le poids d'un labeur surprenant, et l'homme les confondit l'un et l'autre dans un égal mépris.

Cependant, ni pour l'un ni pour l'autre, comme nous le disions avant cette longue digression, l'homme n'eut de haine active et raisonnée.

Il se contenta d'user et d'abuser d'eux, suivant le besoin qu'il en eut et selon la force qu'il eut à y employer.

Si la femme a de nombreux et cruels ennemis, ce sont des catégories, des classes d'hommes, comme nous le verrons plus loin, ou des individus isolés; mais l'homme, *en général*, de par son inconscience, ne peut être rangé parmi les ennemis de la femme, et même pour tout le mal qu'il lui a fait, on peut plaider les circonstances atténuantes.

En effet, si le malheur de la femme, surpasse et surtout a surpassé autrefois tout ce que l'imagination la plus sombre peut évoquer de tristesses et de tortures, si ce malheur a perturbé la femme jusqu'au plus profond de son être moral et physique, la dénaturant, la dégradant et empoisonnant l'humanité dans sa source, — si ce malheur est l'œuvre de l'homme, s'il put accomplir cette œuvre néfaste en abusant de sa force, il faut le dire aussi, il y fut poussé par des forces supérieures à la sienne propre.

Les deux nécessités terribles qui déterminent les conditions d'existence de tous les êtres, animaux ou végétaux : la nécessité de s'alimenter et celle de se protéger contre le milieu, imposèrent à l'homme des actions rapides, des idées géniales et une liberté incompatibles avec un travail continuel. Or, il faut le reconnaître, ces actions, ces idées, cette liberté n'auraient pu se produire, si la femme, dans la division du travail, n'avait été astreinte aux pénibles corvées des soins domestiques.

Sans la femme veillant au foyer, toute civilisation aurait été impossible, l'existence même de l'humanité se serait trouvée en péril.

Donc, à l'origine des sociétés, nécessité absolue pour l'homme, dont le rayon d'action s'étendait au loin, de trouver, en rentrant au gîte, le repos qui lui était dû et les repas apprêtés.

Lorsque ces expéditions de chasse et de guerre n'eurent plus leurs raisons d'être, c'est-à-dire la nourriture à rapporter ou la vie à défendre, les habitudes établies subsistèrent. C'est ainsi que nous voyons en Corse, par exemple, tous les travaux domestiques et agricoles accomplis par les femmes, tandis que les hommes demeurent oisifs, le fusil entre les mains.

Il est juste aussi de dire que toute haute culture intellectuelle ne peut pousser que sur le terreau de l'esclavage, de quelque nom qu'on le nomme. Les lettres, les arts, les sciences, toutes les œuvres de la pensée ont besoin de calme, de sécurité, de longs loisirs pour se produire. Elles ne s'épanouissent qu'au dessus des soucis et des tracas de la vie matérielle.

C'est pourquoi l'homme fut entraîné à rejeter sur plus faible que lui, le poids fastidieux et abrutissant des œuvres serviles : cet éternel labeur achevé tous les soirs, renaissant tous les matins, se compliquant de plus en plus avec les raffinements du bien-être, cet *indispensable* qui grandit sans cesse et transforme les progrès du luxe en nécessités impérieuses. Et ce plus faible que lui, sur lequel l'homme rejette le fardeau servile, ce fut d'abord la femme et l'esclave. Aujourd'hui, c'est la femme et c'est le prolétaire.

CHAPITRE VIII

Les Ennemis de la Femme

Si l'homme, en général, n'est pas l'ennemi de la femme, — entendons par ennemis ceux qui de propos délibéré, en toute connaissance de cause, lui ont octroyé un surcroît d'esclavage et de douleur, — il est toute une classe d'hommes, que l'on trouve la même dans les sociétés les plus anciennes et dans les pays les plus lointains, qui, elle, eut un intérêt primordial à la dépendance de la femme et s'employa méthodiquement à augmenter et à parfaire cette dépendance.

Cette classe d'hommes que nous voyons apparaître, soit dès l'organisation des sociétés, soit quelque temps après la fondation et la réformation des religions, nous offre une particularité remarquable et unique dans l'histoire de l'espèce humaine.

Elle a résolu complètement et fort habilement l'ardu problème de la subsistance, qui courbe tous les autres hommes sur d'incessants labeurs les lance dans les spéculations et les luttes, et, circonstance plus extraordinaire encore, elle l'a résolu sans travail et avec honneur, ou plutôt avec des honneurs...

Si nous n'appartenions pas nous-même à l'espèce humaine, et si nous étudiions les mœurs de cette classe d'hommes d'un peu haut, comme par exemple l'observateur penché sur la ruche ou la fourmilière, étudie les mœurs des abeilles ou des fourmis, nous serions profondément étonnés de ce fait et nous admirerions sans restrictions l'ingéniosité de ces individus qui surent, qui savent toujours, se gorger des fruits de la terre sans participer au labeur, entasser les métaux précieux sans descendre aux mines, s'abriter sous des édifices magnifiques sans tailler les pierres ni les assembler, s'entourer des merveilles de l'art sans savoir peindre ni sculpter, ni ciseler — étendre leur domination sans toucher à une épée, acquérir des biens immenses et mettre en jeu toutes forces sociales, sans donner en échange à la société autre chose que le bruit de quelques vaines formules.

Ces hommes habiles ont reçu différents noms, suivant la couche sociale dans laquelle ils évoluent, mais aucun ne peut leur être appliqué indistinctement ; par exemple on ne peut tous les appeler *sorciers*, ce nom ne conviendrait pas au prêtre dont les fonctions sacerdotales sont un peu au-dessus des grossières pratiques de la sorcellerie ; si on les nomme *prêtres*, cela ne convient plus alors aux mages, devins, magiciens, nécromanciens et charlatans de toutes sortes, exploitant la plus basse crédulité, mais ne se prétendant pas représentants de la Divinité ; comme pour la commodité de notre discours il nous faut un nom générique, nous les appellerons : parasites.

Ce nom convient également à tous, car le parasitisme, la vie sur autrui, aux dépens d'autrui, un des moyens d'existence les plus répandus sur la terre, aussi bien dans le monde végétal que dans le monde animal, est bien l'état qui leur offre à tous, sans exception, ses abondantes et faciles ressources.

Nous allons retrouver dans les parasites humains, toutes les variétés de parasites... d'abord le plus fréquent, le plus largement répandu dans la nature et dans la société : le parasite qui épuise son milieu ; l'animal qui vit sur un animal, la plante qui vit sur la plante, l'homme qui vit sur l'homme et lui prend sa substance tout entière. De ce type on peut citer comme exemple, dans le genre animal, le *phronima*, dont le Prince Abert de Monaco nous raconte l'histoire dans son voyage scientifique de l'*Hirondelle*. Le phronima est gros comme une sauterelle et vit dans la masse gélatineuse du *béroé*, sorte de tonneau transparent flottant dans les grands fonds ; peu à peu tous les organes sont rongés, dévorés, expulsés ; le béroé n'est plus qu'une mince pellicule roulant au gré des vagues. — Après cette classe de parasites, vivant à même la chair, — ceux qui s'installent sur un animal, dans son tube digestif, sur ou sous sa peau, dans sa bouche, son estomac et ses entrailles, nous trouvons le parasite simple commensal, celui qui profite et vit largement mais n'épuise pas complètement son milieu, parce que le milieu est assez riche. A cette espèce appartiennent, dans le monde végétal, les parasites verts, le gui, le mélanpyre, qui implantent leurs racines dans le tronc ou les racines des arbres ou des graminées voisines et ne demandant à la plante nourricière qu'une portion de leur aliment.

D'autres encore forment avec des animaux ou des plantes, ou dans le cas qui nous occupe, avec des sociétés une sorte d'association à bénéfices inégaux, je dis inégaux, car d'un côté il y a un peu, de l'autre énormément de bénéfices —, mais enfin il existe une certaine protection, de certains services, rendus par le parasite à son milieu nutritif et il est juste d'en tenir compte.

Exemple de celui-ci : une sorte de champignons qui trouve abri et nourriture dans la couche périphérique des jeunes racines de tous les arbres qui appartiennent à la famille des castanéacées (chêne, hêtre, châtaignier); en retour ils absorbent pour eux l'eau et les matières solubles du sol environnant. Si ce parasitisme est commun dans le règne végétal, dans le règne animal et dans le règne social on pourrait le faire suivre comme dans les livres de botanique des lettres T. R. (Très rare).

**

Donc, certains hommes, ayant résolu, grâce au parasitisme, le difficile problème de la subsistance, ont un intérêt primordial à maintenir immuables le corps au milieu duquel ils vivent; — ainsi les champignons doivent tenir au maintien du vieux tronc d'arbre qui les supporte et les nourrit.

Le parasite, quel qu'il soit, homme, animal ou plante, est par conséquent et nécessairement de tous les êtres le plus conservateur, puisque sa vie même est attachée à la conservation de son milieu nutritif, puisqu'il s'y est adapté d'une façon si complète qu'il périt presque toujours au moindre changement de milieu. Le danger est aussi grand si c'est lui qui change ou si c'est le milieu qui se modifie; car son adaptation à ce milieu consiste surtout en une atrophie de la plupart de ses organes.

Or, tandis que tout autre être risque de gagner au changement ou à la modification de milieu et s'essaie souvent à en changer, tels par exemple les oiseaux migrateurs, et une foule de plantes qui lancent leurs graines loin d'elles ou les pourvoient d'ailes ou d'aigrettes pour voler à la recherche de nouveaux terrains nutritifs, le parasite, au contraire, est sûr de perdre au moindre déplacement, hors de son milieu, à la moindre altération de ce même milieu, et, par conséquent, il s'attache de toute sa force au corps qui le fait vivre; il s'y attache tellement parfois qu'il l'épuise, qu'il le tue, mais il ne le quitte jamais.

Ceci établi, je n'ai pas besoin de m'étendre davantage pour démontrer que le parasite (maintenant je parle du parasite humain) ne fera rien pour l'avancement de la société sur laquelle il s'est établi, qui lui sert de milieu nutritif; — il l'épuisera peut-être jusqu'à extinction absolue, mais, lorsqu'il pullullera outre-mesure, elle mourra sur place.

On voit facilement où je veux en venir : c'est que le même intérêt qui engage le parasite à enrayer tout mouvement social, tout progrès, lui fit également s'opposer à toute émancipation de la femme. Il fut le cran d'arrêt de l'évolution de la femme.

La société organisée sur la famille, le père souverain, la femme vassale, les enfants en servage, n'eut pas de plus ferme soutien que le prêtre ou du moins n'en a pas eu jusqu'à nos jours.

Je dis jusqu'à nos jours, parce que, en ces dernières années, il semble que son rôle de protecteur de la famille, suivant l'antique conception, s'est modifié : le parasite devient *féministe*.

Il semble y avoir dans ce fait une apparente contradiction avec ce que nous venons de dire : Rien au contraire n'est plus logique, plus d'accord avec notre manière de voir.

Nous y reviendrons plus loin ; mais d'abord, examinons ce que nous enseigne l'histoire des sociétés au sujet du parasite dans ses rapports avec l'évolution de la femme.

* *

Jetons d'abord un coup d'œil sur les peuples sauvages.

Les peuples sauvages, ceux mêmes de nos jours, semblent les plus jeunes des peuples ; ils sont en effet l'enfance de l'humanité, et de l'enfance ils ont la turburlence et la gaité, la langue incohérente et pauvre, l'impossibilité d'attention et de réflexion et la complète inconscience, — et cependant ils sont très vieux... Ils ont l'âge de nos ancêtres de la pierre polie, quelques-uns même de la pierre taillée ; nos mœurs, nos coutumes, nos institutions se trouvent, grossièrement, il est vrai, en germe chez eux. La religion même, dit M. James Darmesteter, « la religion à l'état
« naissante, cette chose vague et indéfinie que l'on est
« convenu d'appeler la religion primitive, représente
« une étape par laquelle ont dû passer les religions à
« histoire. La preuve, c'est que, dans les religions
« civilisées, on n'a pas longtemps à fouiller pour retrou-
« ver, souvent avec une identité frappante, la plupart
« des éléments essentiels des religions non historiques. »

On a dit avec raison : la vie des sauvages c'est de la *préhistoire* contemporaine.

C'est pourquoi nous devons toujours nous reporter à la formation des sociétés, aux peuples, aux clans sauvages, si nous voulons parvenir à comprendre la plupart des problèmes qui font aujourd'hui l'objet de nos préoccupations, et en particulier celui de l'ingérence du parasite dans l'asservissement de la femme.

Dans les sociétés primitives, la cosmogonie du sauvage, — cet amas énorme, confus, ce chaos bariolé de fables saugrenues, atroces ou répugnantes, qui semble le rêve du cerveau fiévreux d'un malade, — est le fond commun de tous, créé par chacun; la mise en tas des bizarreries enfantées par ces pauvres esprits affolés par la peur; cependant il ne peut faire l'ombre d'un doute que, dès ces obscurs commencements, certains hommes plus imaginatifs, plus avisés, plus malins que les autres, apportant la plus grosse part de ces fantastiques hypothèses, et, s'assurant par cela même une prépondérance, acquirent de faciles moyens d'existence.

Il est manifeste, dit M. Lang, que les pouvoirs politiques et sociaux « se concentrent entre les mains des « sorciers et c'est chose naturelle puisque, si le *tahunga* « sait son métier, il acquiert bientôt la possession de « vastes domaines héréditaires, possession qui, unie à « celle des pouvoirs magiques, désigne un homme pour « la fonction de chef. »

Ces conditions étant données, il est tout naturel d'en déduire que déjà le parasite, amplement pourvu, fait instinctivement obstacle à toute velléité de changement. Aussi, dès leur formation, les sociétés, souvent, s'immobilisent. Le *tabou* nous en fournit la preuve, le tabou, c'est-à-dire la défense, sous la menace des plus mystérieux châtiments, de toucher à une chose, à un individu, de s'en approcher ou de s'en servir, sous prétexte qu'il est sacré, et l'obéissance absolue à cet ordre peuvent suffire pour arrêter pendant des siècles l'essor d'une civilisation...

Exemple : dans une des îles de la Sonde les tahungas ayant déclaré la mer *tabou*, la navigation demeura inconnue dans cette île !

L'intégralité du clan, de la tribu sauvage, de la naissante société, quelle qu'elle soit, et qui toujours repose, nous l'avons vu, sur l'esclavage de la femme, trouva donc nécessairement dans ses magiciens, devenus ou non ses chefs, ses plus ardents défenseurs.

Il s'ensuit que déjà en ces temps reculés ou, ce qui est tout un, dans les sociétés sauvages, nous pouvons apercevoir l'homme qui vit aux dépens d'autrui, s'affirmant comme un ennemi déclaré et éclairé de la femme.

La cosmogonie informe, les lois grossières de ces peuplades nous montrent ce fait bien manifeste.

Ainsi, chez les Quichès, peuplade américaine, les dieux firent les hommes avec du bois et les femmes avec la moelle des arbres. Le bois est utile et résistant, la moelle ne sert à rien, voilà la femme classée, la voilà marquée d'une tare indélébile qu'aucune raison, qu'aucune prière n'effacera jamais.

Ainsi, Pund-Jel, dieu des Dieyris, enseigna aux hommes et aux femmes les arts essentiels à la vie : aux hommes il apprend à percer le Kangouroo avec leur lance, et aux femmes à arracher des racines. Pund-Jel savait ce qu'il faisait en leur enseignant cette première division du travail !...

Qui oserait changer l'ordre institué par Pund-Jel !...

Ainsi, une tradition indienne dit : « Le Grand Esprit créa l'homme pour protéger la femme et pour chasser ; — tout le reste est à la charge de la femme : c'est elle qui doit exécuter les travaux domestiques, construire les *wigwams*, couper le bois, préparer les peaux, labourer et ensemencer la terre. »

Ainsi, à Taïti, certains objets étaient tabous, pour certaines classes d'individus ; le cochon, les bananes, les cocos, toutes sortes de bonnes choses furent tabous pour la femme.

Si je n'avais hâte d'arriver à des civilisations plus rapprochées de nous, partant plus intéressantes, je pourrais multiplier les preuves et montrer l'*angekok* des Esquimaux, le *birraark* d'Australie, le *tahunga* des Maoris, les *jossakeeds* ou hommes-médecins des Peaux-Rouges, tous animés du même esprit de rapacité et de conservation, s'acharnant après la femme, consacrant son avilissement, en en faisant un article de foi, la chargeant de chaînes toujours plus lourdes et plus étroites, étouffant en elle toute aspiration même vers un peu plus de bonheur et de liberté...

*_

Cette période obscure des peuples-enfants, soit sauvages actuels, soit de la préhistoire, pendant laquelle les plus grossières superstitions sont exploitées par le sorcier au préjudice de la femme, précède, il n'est pas besoin de le dire, une époque où des religions enfin pures et belles apparaissent. De l'informe cosmogonie des hommes primitifs se dégagent des mythes de beauté suprême : la nature humaine est magnifiée en des dieux, symbolisant ses différents âges, ses divers états, ses deux sexes même ; — de nobles conceptions métaphysiques s'élèvent presque jusqu'aux hauteurs de la Vérité ; la Pitié se glisse dans le monde, mais la libération de la femme ne fait point un pas ; le sorcier a fait place au prêtre ; le prêtre est l'ennemi de la femme.

Passons rapidement en revue les grandes religions historiques, nous verrons le bien fondé de cette opinion, appuyée sur des faits et des textes.

*
* *

L'Egypte nous présente deux phénomènes sociaux dont la coexistence semble en opposition avec ma théorie.

D'un côté, le parasitisme y est élevé à la hauteur d'une institution. « Les prêtres, dit Hérodote, ne consomment « rien du leur, on leur cuit tous les jours du pain sacré « et ils reçoivent en abondance des légumes, des oies, « de la viande, du veau et du vin. »

D'après Diodore, tout le territoire de l'ancienne Egypte aurait été divisé en trois parts : un tiers pour le roi, un tiers pour entretenir les prêtres et couvrir les frais des sacrifices et des fêtes, le dernier tiers pour les guerriers. Tous les cultivateurs d'Egypte n'auraient été que des fermiers.

D'un autre côté, la femme atteint chez les Egyptiens un point de liberté et de considération qu'elle n'atteignit chez aucune nation de l'antiquité.

L'Egyptienne n'était pas reléguée dans un harem, elle allait et venait sans voile par les champs et les villes, elle assistait aux festins et aux concerts avec les hommes. Associée à la dignité de son mari pendant la vie, l'épouse légitime est assise à ses côtés sur les monuments funéraires.

Dès l'ancien Empire, la femme a dans la famille une

sorte de prééminence; elle a le titre de maîtresse de maison, transmet à ses enfants les droits qu'elle tient de sa naissance, et, dans certaines généalogies, les fils portent le nom de la mère à l'exclusion de celui du père. Sous la II° dynastie, le roi Baï-Néteron reconnaît aux femmes le droit de succession au trône, et ce ne sont pas seulement les fils, ce sont les filles des Pharaons qui règnent sur la haute et la basse Egypte, qui jouissent des honneurs des fils du soleil et sont divinisées après leur mort.

En voyant une liberté, des droits aussi extraordinaires accordés à la femme sous une théocratie, ne serait-il pas logique de penser qu'en Egypte, le prêtre, cependant redoutable parasite, ne fut pas l'ennemi de la femme ?

Non, cette conclusion serait trop hâtive; là, comme ailleurs, comme presque partout, le prêtre montra contre le sexe féminin la plus grande hostilité, et il fut bien son ennemi, mais un ennemi réduit à l'impuissance.

La femme ne l'emporta pas sur lui, mais elle annihila son action délétère.

Si, en Egypte, la femme trouva une grande force, c'est, comme nous l'avons dit dans le chapître III, que l'Egypte fut un pays hiérarchisé; la caste soutient la femme et on peut le dire : tant vaut la caste, tant vaut la femme.

Là où il y a caste, on peut toujours être sûr qu'il y a une certaine quantité de femmes qui jouissent des honneurs, de la considération, de tous les avantages que la caste a su se conquérir.

Voici les textes et les faits sur lesquels nous nous

appuyons pour prouver l'animosité du prêtre contre la femme en Egypte.

« Nulle femme, dit Hérodote, n'a le sacerdoce d'une divinité de l'un ou de l'autre sexe ; les hommes seuls peuvent être prêtres. »

Or, l'exclusion de la femme des fonctions sacerdotales est un signe très manifeste de mépris.

Elle était *exclue* des cérémonies du culte. Quand un nouvel Apis était révélé, c'est-à-dire lorsqu'on trouvait dans un troupeau un jeune taureau, premier né d'une génisse et portant les signes voulus, on le conduisait aux environs de Nilapolis, dans une prairie, où il passait quarante jours. C'était *le seul temps* où les femmes fussent admises à le voir.

Dans le plus ancien livre du monde, le papyrus Prisse la femme est appelée « un amas de toutes sortes d'iniquités, un sac de ruses et de mensonges. »

Dans le papyrus magique Harris, la femme est énumérée parmi les animaux qui se nourrisent de chair et s'abreuvent de sang : tigres, léopards, lions. On le voit, le livre des Proverbes et l'Ecclésiaste étaient dépassés avant d'être écrits.

Ces quelques extraits prouvent suffisamment, il me semble, que le prêtre fit tout ce qui était en son pouvoir pour humilier et abaisser la femme. La caste militaire, aussi puissante que la caste sacerdotale, ne le lui permit pas. Elle défendit victorieusement ses femmes contre la tyrannie sacerdotale...

***

Recherchons maintenant quelle put être l'influence nocive du prêtre sur la condition de la femme dans la plus ancienne, la plus répandue, la plus belle peut-être de toute les religions, le brahmanisme.

Ne nous occupons pas des Védas... Ils débordent de tant de magnificence lyrique que nous ne pouvons admettre avec quelques-uns, avec Lang, par exemple, l'auteur de *Mythes, cultes et religions*, que même dans ces recueils de poésie si pure « les Rishis n'oublient point ce qu'il convient de payer aux prêtres qui accomplissent les sacrifices ». Non, lorsque je lis par exemple cet hymne au soleil :

« Le visage de la Vérité est couvert par des voiles d'or, épais et prestigieux. O Soleil ! nourricier du monde.

« Dévoile la vérité à mes regards, afin que moi, ton fidèle adorateur, je puisse voir le soleil de la justice et de la vérité.

« O Soleil ! Nourricier du monde ! solitaire anachorète ! dominateur et régulateur suprême ! fils de Pradjapati ! écarte tes rayons éblouissants, retiens ton éclatante lumière, afin que je puisse contempler ta forme ravissante et devenir partie de l'être divin qui se meut dans toi !

« Puisse mon souffle de vie, mes esprits vitaux être absorbés dans l'âme moléculaire et universelle de l'espace ! Que ce corps matériel et périssable soit réduit en cendres !...

O Dieu ! »

Lorsque nous lisons cet hymne, nous nous complaisons en ces régions magnifiques et pures et nous préférons ne pas en descendre pour chercher à savoir si l'esprit sublime, qui le composa se livra ensuite à de basses sollicitations ou à d'indignes supercheries, pour fortifier son empire et nourrir sa rapacité.

Pour cette fois, que la Vérité s'incline devant la Beauté et, négligeant l'étude des Védas, entreprenons celle du *Manava-Dharma-Sastra* ou « livre de la loi de Manou. »

***

Treize cent ans environ avant Jésus-Christ, le livre de la loi de Manou légiférait les peuples adorateurs de Brahma; quand je dis légiférait, je me sers d'un terme insuffisant pour exprimer la solidité des entraves qui maintenaient les unes sur les autres les quatre castes indoues, qui en firent un seul bloc, résistant à l'usure des siècles.

Le livre de la loi de Manou est l'ensemble de toutes les règles les plus strictes, les plus détaillées, les plus claires, les plus intelligentes de tout ce que doivent faire ou penser les hommes, chacun suivant sa caste, à toutes les époques et dans toutes les circonstances de leur vie, même les plus intimes. Disons à ce propos, quoique cela sorte de notre sujet, mais c'est remarquable, que notre hygiène, dont nous commençons à devenir si vains, est enfantine à côté de l'hygiène brahmanique, dont les prescriptions sont des lois. L'infraction en est punie par de châtiments terribles en ce monde et dans l'autre.

Nous ne parlons pas des bains et ablutions, si recommandés dans les religions orientales et encore plus fréquents chez eux, à tel point par exemple, qu'après avoir dormi, après avoir éternué, après avoir mangé, après avoir craché, après avoir dit des mensonges, après avoir bu et au moment de lire la sainte Ecriture, on doit se laver la bouche, les Brahmanes à trois reprises différentes, une femme et un Soudra (homme de la dernière classe) n'auront à le faire qu'une fois (1).

Non, nous ne parlons que des précautions aseptiques les plus rigoureuses observées sous le nom de purification des personnes ou des objets ; et non seulement les ustensiles de ménage, les tissus de soie, de laine ou de lin, les peaux, les corbeilles, les instruments aratoires, les meubles, les maisons sont purifiés à grand renfort de cendres, d'eau chaude, *d'acide*, de graines de moutarde blanche écrasée, des fruits broyés du savonnier et du vilva, mais encore les herbes potagères, les racines, les fruits, l'herbe, le bois à brûler, la paille et le sol même sont purifiés ; — pour celui-ci il existe en particulier cinq sortes différentes de purification...

Le vrai triomphe de l'hygiène n'est point cependant encore là ; il est dans les précautions individuelles.

Par exemple, on ne doit point laver ou faire laver son linge en commun, « même en famille », mais chacun séparément dans une eau courante. Jamais un Brahmane ne porte de souliers, de vêtements, un ornement, une guirlande, ou ne se sert d'une aiguière ou d'un plat qui ait déjà servi à d'autres ; il ne mange pas non plus dans un plat cassé ou ébréché.

On ne doit pas entrer par le mariage dans une famille dont les individus sont affligés soit de phtisie, soit de dyspepsie, soit d'épilepsie, soit de lèpre blanche, soit d'éléphantiasis, et le mari a le droit de remplacer sa femme par une autre si elle est attaquée d'une maladie incurable comme la lèpre.

---

(1) Voici déjà la femme assimilée au Soudra.

Une femme, de son côté, dont le mari est attaqué d'éléphantiasis ou de consomption pulmonaire, a non le droit de prendre un autre mari, ce serait trop demander, mais elle peut l'abandonner, sans encourir de châtiment et sans être privée de son bien.

En somme, la grande préoccupation de l'auteur ou des auteurs du Manava-Darhma-Sastra, c'est la conservation de l'espèce... préoccupation que Moïse et Mahomet eurent aussi, quoiqu'à un degré moindre, tandis que le Christ et les pères de l'Eglise ne s'en soucièrent point, professant au contraire le mépris de la chair, c'est-à-dire le mépris de l'espèce (1).

Et ce sont les heureux effets de cette légitime préoccupation, qui fortifièrent assez le corps social pour lui permettre de pourvoir, sans en être complètement affaibli, à la subsistance de ses classes parasites.

Qu'est donc le parasitisme chez les peuples de l'Inde, de religion brahmanique ?

Dans la zone torride — fait digne de remarque — le parasitisme, soit végétal, soit animal, soit humain, s'étale avec une magnificence inconnue dans les régions arides.

C'est le pays des forêts tropicales où chaque arbre est enlacé, étouffé, cassé par de gigantesques lianes dont les tiges, épaisses comme des boas-constrictors, se tordent, en spirales broyantes, s'allongent et reviennent sur elles-mêmes en inextricables détours, atteignent des longueurs de trois à quatre cents mètres ; — c'est aussi le pays des peuples soumis, tremblants, à genoux,

---

(1) Tacite va plus loin encore : « les chrétiens, dit-il, sont des gens qui détestent le genre humain. »

devant ces castes formidables, les Khastryas ou guerriers, les Brahmanes ou prêtres.

Le Brahmane est doux et terrible.

En Egypte, la caste militaire et le roi se partageaient les deux tiers de la terre ; le prêtre n'avait que l'autre tiers. Chez les Hébreux, le lévite avait la dîme et les prémices de toute chose ; mais prendre la dîme, c'est laisser les neuf dixièmes ; prendre les prémices, c'est laisser le reste. Le Brahmane, lui, prend la totalité.

« Tout ce que le monde renferme — dit le Manava-Darhma-Sastra, livre I, verset 100 et 101 — est en quelque sorte la propriété du Brahmane ; par sa primogéniture et par sa naissance *éminente*, il a droit à tout ce qui existe... ; — Le Brahmane ne mange que sa propre nourriture, ne porte que ses propres vêtements, ne donne que son avoir ; c'est par la générosité du Brahmane que les autres hommes jouissent des biens de ce monde... »

Malgré cette possession universelle, le Brahmane ne dédaigne pas de désigner les offrandes qu'il désire : « que le roi, dit-il, offre au Brahmane des joyaux de toutes espèces et la récompense qui leur est due pour leur présence aux sacrifices, et que les disciples lui donnent des champs, de l'or, des vaches, des chevaux, des parasols, des souliers, des sièges, du riz, des herbes potagères et des vêtements. »

Et non seulement, le Brahmane est toujours altéré de richesses, mais il ne veut pas que les hommes des castes inférieures en amassent : « un Soudra, dit-il, « livre XI, ne doit pas amasser de richesses super- « flues, même lorsqu'il en a le pouvoir, car un Soudra « lorsqu'il a acquis de la fortune, vexe les Brahmanes « par son insolence. »

C'est du reste un principe mûrement réfléchi chez lui, que cet abaissement infini des basses classes : « Que » le roi, dit Manou, mette tous ses soins à obliger les » Vaisyas et les Soudras à remplir leur devoir, car si » ces hommes venaient à s'écarter de leur devoir, *ils* » *seraient capables de bouleverser le monde !* En revanche » les Brahmanes, dit toujours Manou, ne peuvent » s'élever sans les Khastryas (les guerriers); en s'unis- » sant, la classe sacerdotale et la classe militaire s'élèvent » en ce monde et dans l'autre. »

Ah ! ce monde tant convoité ! qu'il est peu changeant : toujours les mêmes idées d'intérêt et de domination roulent dans les mêmes têtes... Quel capitaliste, quel évêque, quel général aujourd'hui... Mais revenons aux Brahmanes.

Le Brahmane s'affirme en dehors, au-dessus de l'humanité, sous ses pieds. Comme l'herbe des champs, comme de vils insectes il foule les hommes. Il se compare au feu, divinité puissante, doué d'un pur éclat, que rien ne souille, pas même le corps des morts, lorsqu'il les consume, et qui flambe ensuite plus actif sous les libations de *soma* et de beurre clarifié — de même lui, le Brahmane, doit être constamment honoré, même ignorant, même se livrant à toutes sortes de vils emplois, car il a en lui quelque chose d'éminemment divin.

Quant à un Brahmane possédant le Rig Véda tout entier — livre III, verset 261 — il ne serait souillé d'aucun crime, « même s'il avait tué tous les habitants des trois mondes et accepté de la nourriture de l'homme le plus vil. »

Aussi, offenser un Brahmane, lui nuire en quoi que

ce soit, porter atteinte à sa dignité est le pire des crimes, puni de châtiments divers et horribles.

Il n'y a pas dans le monde, dit le législateur, de plus grande iniquité que le meurtre d'un Brahmane; que le roi se garde bien de tuer un Brahmane, quand même il aurait commis tous les crimes, qu'il le bannisse du royaume en lui laissant tous ses biens et sans lui faire le moindre mal; — et ailleurs : de quelque membre que se serve un homme de basse naissance pour frapper un Brahmane, ce membre doit être coupé ; s'il le frappe du pied, de la main, que le pied, que la main soit coupée; s'il crache sur un Brahmane, qu'on lui coupe les deux lèvres et — dans l'autre vie — celui qui a ravi les biens des Brahmanes vivra des restes du vautour.

**

Puisque voilà établi le parasitisme de la caste sacerdotale dans l'Inde, examinons maintenant ce que cette classe si privilégiée a fait pour ou contre la femme.

Ce n'est pas pour ou contre la femme qu'il faut dire, mais pour *et* contre la femme; parce que, dans un sens, la caste sacerdotale — nous nous trouvons ici en présence du parasitisme à avantages inégaux — a été bienfaisante à la femme, et, quoique la maintenant de sa main de fer au rang infime que les anciennes mœurs lui avaient assigné, elle exigea que la femme fût traitée avec générosité et douceur.

Et cela se conçoit. La caste Brahmane, nous l'avons vu, est éminemment intelligente; elle a produit des penseurs, des philosophes, des poètes, des politiques aussi grands que la mesure de l'humanité peut les donner; —

nos Kant, nos Spinoza, nos Gœthe, nos Richelieu, nos Hugo les atteignent sans les surpasser ; — elle a agi pour le plus grand bien de la conservation de l'espèce, avec une si clairvoyante sagacité, que toute notre science elle-même est encore loin d'avoir atteint de tels résultats pratiques.

Elle devait donc, ayant en vue l'amélioration de l'espèce, considérer que la femme est un des deux agents indispensables de cette amélioration, et la bien traiter en conséquence. En effet, le livre de la loi de Manou, veut que la femme soit honorée.

57) « Partout, dit-il, où les femmes sont honorées, les divinités sont satisfaites ; toute famille où les femmes vivent dans l'affliction ne *tarde pas à s'éteindre*, mais lorsqu'elles ne sont pas malheureuses, la famille s'augmente et prospère en toutes circonstances. »

58) « C'est pourquoi les hommes qui ont le désir des richesses doivent avoir des égards pour les femmes de leur famille et leur donner des parures, des vêtements et des mets recherchés lors des fêtes et des cérémonies solennelles. » Et il ajoute : « certes, si une femme n'est pas parée d'une manière brillante, elle ne fera pas naître la joie dans le cœur de son époux, et si le mari n'éprouve pas de joie, le mariage demeurera stérile... »

Nul n'en disconviendra... Donc, l'intérêt bien entendu de l'espèce, l'accroissement de la famille, l'augmentation des richesses exigent que la femme soit heureuse et respectée.

Le Brahmane, bien supérieur au prêtre, et même au législateur actuels, dirige les jeunes hommes dans le choix d'une épouse. Il s'enquiert de l'origine de la femme, de sa famille, des maladies, des tares qui peuvent s'y rencontrer, du genre de beauté de la jeune fille, de la couleur et de la finesse de ses cheveux, de la petitesse de ses dents, de la douceur de son épiderme, et, ne nous y trompons pas, ceci en vue de l'affinement de la race, de l'éloignement de plus en plus grand de l'ancêtre primitif, l'homme aux poils rudes et rougeâtres, à la peau rugueuse, aux machoires énormes, le fils du singe.

Cependant, passé la protection et le perfectionnement de l'espèce, le Brahmane ne se soucie plus de rien. Son esprit ou plutôt son cœur se ferme. Il n'est pas, dans les douze livres du Manava-Dharma-Sastra, un seul mot de vraie pitié, de simple justice en faveur de la femme.

Le prêtre, — ennemi de la femme, parce qu'il redoute son influence, sa *concurrence parasitale,* on peut s'exprimer ainsi, car dès que la femme ne travaille plus et passe à l'état d'objet de luxe, elle devient, elle aussi, une terrible parasite —, le prêtre se dresse devant elle et la rejette dans son infériorité séculaire.

La femme dans l'Inde est mise en dehors de la religion : elle n'a point part aux sacrifices, elle ne participe à aucune cérémonie du culte, aucune pratique pieuse ne la concerne en particulier. Qu'une épouse, dit Manou, chérisse et respecte son mari, cela suffit pour gagner le ciel. Elle est aussi au dehors de toute délibération politique, ainsi que, — cela est spécifié, — les idiots, les muets, les aveugles et les sourds, les oiseaux bavards comme le perroquet ou la sarika, les gens très âgés, les barbares, les malades et les estropiés. Enfin, elle n'a aucun droit sur ses enfants et ne dispose jamais de sa propre personne. Enfant, elle appartient à son père, épouse, à son mari, veuve, à ses fils; si elle n'a pas de fils, à ses plus proches parents, car une femme ne doit jamais se gouverner seule.

Elle n'a aucun droit, et cela d'après le brahmane; c'est ici lui qui fait la loi; en revanche ses devoirs sont sans nombre : égalité d'humeur, ordre, soins vigilants, économie, discrétion et surtout fidélité inébranlable à son époux, quels que soient les torts et les défauts de celui-ci; même par une seule pensée elle ne doit pas s'éloigner de lui, sous peine de renaître dans le ventre d'un chacal. Au contraire, celle qui reste pure, est admise après sa mort dans le même séjour que son époux. Qui sait si, au lieu de cette dernière perspective, les femmes de certains maris n'aimeraient pas mieux renaître dans le ventre d'un chacal?

Nous nous sommes arrêtés un peu longuement sur l'influence exercée par la caste sacerdotale indoue sur la condition de la femme, parce que cette influence a eu des résultats immenses : elle détermine encore les conditions de vie de quelque cent millions d'habitants dans les Indes, et, en se modifiant, en ayant subi des améliorations sans doute, elle détermine *à l'heure actuelle* la condition de la femme chez nous-mêmes, chez les peuples de l'Europe, — appartenant à la race aryenne.

Tout aussi sûrement que la linguistique, une étude ttentive de la situation de la femme chez les divers peuples européens nous démontrerait leur commune origine aryenne.

En effet, chez tous les peuples aryens, la femme n'est plus l'esclave chargée des plus durs travaux; elle n'est pas non plus l'odalisque, la femme de harem uniquement destinée aux plaisirs de son maître ; elle est surtout la ménagère, la mère de famille, l'épouse... Elle n'a pas ou n'a guère de droits, mais une quantité de devoirs... Mais avoir des devoirs, c'est déjà une distinction sociale. L'esclave, l'odalisque n'ont point de devoirs ; pour obtenir d'elles obéissance et fidélité, on ne compte que sur le bâton, les voiles, les verrous et les grilles.

D'autre part, la femme absolument esclave ou l'odalisque ne se trouvent qu'en Afrique, dans l'ancienne Amérique, en Océanie, en Asie, là où n'a point pénétré l'influence aryenne. Si l'on trouve l'odalisque en Europe, c'est seulement chez les Turcs, qui ne sont point aryens. Partout ailleurs, chez les Grecs, les Romains, les Gaulois, les races germanique et anglo-saxonne, la femme, comme dans le berceau de la race, et à de très légères différences près, est adonnée aux soins de l'intérieur, à la direction de son ménage ; elle est plus ou moins durement *in manu mariti*, elle n'a aucune part à la vie politique, mais elle sort le visage découvert, sans gardiens, et les travaux les plus durs lui sont généralement épargnés. Tous ces traits communs prouvent donc, aussi bien que des étymologies, l'identité d'origine des peuples européens, et je crois être dans le vrai en disant que les effets bons et mauvais de l'influence brahmanique se font sentir jusqu'à nous.

Cette relative douceur envers la femme a eu, il est à croire aussi, une conséquence encore plus importante. Je suis persuadée qu'elle a été l'un des facteurs les plus puissants de la supériorité de la race aryenne.

Quand on se demande quelles ont été les causes de

l'état dans lequel s'attardent les races noires et rouges, on peut répondre que l'une des causes principales de cette stagnation, doit être, à coup sûr, la condition affreuse dans laquelle ces races maintiennent la femme : épousée, — violée plutôt — à sept ou huit ans, surchargée d'enfants, mal nourrie, battue, condamnée aux métiers les plus durs, les plus répugnants, la femme ne peut produire que des enfants abâtardis, souffreteux, dégénérés.

Tandis que chez les peuples aryens, diverses causes, parmi lesquelles l'établissement de la caste, toujours favorable à la femme, puis l'usage de la dot, très recommandé par Manou, — ayant peu à peu relevé la condition de la femme, il dut s'en suivre un relèvement égal dans l'état de l'homme. La soigneuse sélection ordonnée par les Brahmanes l'accentua, et la suprématie indéniable de la race aryenne, en train de conquérir le monde, en fut le couronnement.

Ces merveilleux effets, dûs en partie à l'intelligente direction de la caste sacerdotale dans l'Inde, doivent être remarqués par nous... il serait superflu d'en demeurer saisis de reconnaissance.

Le Brahmane, ne l'oublions pas, se croyait possesseur du monde entier. Il a cultivé l'espèce humaine avec l'amour et les soins vigilants du bon laboureur qui vit de sa récolte, du bon pasteur qui tond ses moutons, trait ses brebis et mange ses agneaux. Nous verrons dans notre prochain chapitre, si les autres classes sacerdotales eurent la prudence et l'esprit de ménager ainsi leur bien et si nous trouverons parmi les autres prêtres législateurs un homme de la force de Manou, qui dit expressément, avec sagesse et naïveté : « De même que la sangsue, le jeune veau et l'abeille ne prennent leur nourriture que petit à petit, on doit percevoir peu à peu, les produits fournis par les classes inférieures. L'impôt pour les hommes de la dernière classe, qui ne vivent que d'un commerce peu lucratif, ne doit être qu'une redevance annuelle très modique; quant aux Soudras, qui gagnent avec peine leur subsistance, qu'on les fasse travailler chacun un jour par mois. »

CHAPITRE IX

La femme dans les religions hebraïque, païenne, chrétienne.

Tous les peuples de races aryennes se distinguent, ainsi que nous le disions dans le chapitre précédent, par leur relative douceur envers la femme — malgré l'hostilité évidente du prêtre.

Un fait très certain et très remarquable, c'est que ces peuples sont justement ceux qui sortirent de la barbarie pour marcher sur la route lumineuse du progrès, tandis que le surplus de la population terrestre continue à se traîner au plus bas de la hiérarchie humaine, se distinguant à peine de l'animalité.

Il est cependant un petit peuple qui n'est pas de race aryenne et qui néanmoins, seul de son groupe ethnique, a traité la femme avec une sorte de justice, a eu pour elle, comme pour ses esclaves, du reste, une certaine bonté, ne l'a ni enfermée dans des sérails, ni condamnée à sortir voilée, et, tout en la maintenant à une distance très respectueuse de l'homme, en a fait l'épouse, la mère de famille telle que la comprennent les descendants des Aryas, et non la bête de somme ou l'animal de luxure que nous offrent les races noires et jaunes.

Ce petit peuple, c'est le peuple juif; lui seulement et les Touaregs, parmi les sémites, on fait à la femme une situation assez convenable.

Disons-en quelques mots ; nous examinerons ensuite quelle part heureuse ou néfaste la caste sacerdotale eut sur le sort de la femme chez les Hébreux.

D'où peut venir cette heureuse exception ?

Le parasitisme du prêtre n'existerait-il pas chez les Hébreux, et la femme, évitant ce redoutable adversaire, a-t-elle pu se laisser porter, sans rencontrer d'obstacles, par les forces qui lui furent favorables ?

Examinons ces deux questions.

D'abord, d'où peut venir cette exception ?

On l'ignore. — L'hétaïrisme et la polygamie, tous deux si secourables à la femme, existent bien chez les Hébreux, mais comme ils existent aussi chez les autres peuples sémites, qui tous traitent fort mal leurs femmes, là n'est donc point la raison de la situation privilégiée de la femme israélite. En effet, si ces deux grandes causes du relèvement de la femme : l'hétaïrisme, la polygamie, ont rendu le sort de la femme un peu moins atroce chez ces peuples que chez les noirs, elles sont quand même impuissantes, lorsqu'elles se rencontrent seules, pour donner à la femme une somme suffisante de bonheur et de liberté. Chez les Touaregs, une troisième cause, la caste, est venue se joindre aux premières — et elle a fait pencher la balance en faveur de la femme. Mais, chez les Hébreux, point de caste bien définie. Nous restons donc en face du problème.

Voyons donc si le manque d'exploitation sacerdotale s'est rencontré chez ce peuple, ce qui serait un commencement d'explication de ce relèvement anormal de la condition de la femme.

La loi de Moïse est rude, inflexible, cruelle parfois, et cependant, ô merveille ! par la bouche de Moïse, pour la première fois, a passé sur le monde un souffle de justice!

Le meurtre de l'esclave est puni comme le meurtre de l'homme libre; l'adultère de la femme est puni de mort, mais son complice *aussi* est puni de mort, et dans aucun des codes de l'antiquité, pareille égalité n'est décrétée.... la femme hérite à défaut d'enfants mâles, elle entre en possession du bien territorial de son père; la veuve est nourrie par la tribu ou, si son mari avait un frère, ce frère doit l'épouser, et s'il s'y refuse, la femme a le *droit* de lui cracher à la face devant les Anciens de de la tribu ; enfin, point selon moi encore plus important, la femme n'est pas, chez les Hébreux, surchargée de ces travaux qui, dans les races noires et jaunes, chez les Peaux-Rouges et chez les autres peuples sémites, les Arabes, par exemple, en font un être immensément misérable et incurablement dégradé.

Aussi, grâce sans nul doute à cette condition relativement libre et heureuse, les femmes israélites furent-elles, — je dois le dire et j'en suis fâchée pour nos sœurs latines — de toutes les femmes de l'antiquité, certainement les plus remarquables.

Elles eurent une qualité, un don plutôt, que je mets pour la femme — et aussi pour l'homme — au-dessus de tous les autres : l'initiative.

Lisez l'histoire des autres peuples.... de loin en loin, à peine, y surgit un nom de femme. Et c'est toujours ou une mère, ou une femme ou une fille de roi ou de grand personnage, et que les circonstances et non sa propre volonté poussent en avant.... Mais, sur la masse profonde des peuples, des siècles souvent peuvent s'écouler sans qu'une silhouette de femme se détache de l'ombre, sans qu'une voix de femme perce le lourd silence de l'oubli…. Et lorsque, par hasard, on parle d'une femme, il s'agit toujours de quelque grande prostituée, Phryné ou Aspasie, ou de quelque mère de famille lamentablement vertueuse, Lucrèce ou la mère des Gracques. Mais la femme qui n'est pas un modèle de toutes ces vertus passives dont les hommes ont intérêt à établir la réputation, ou une courtisane renommée, mais un être vivant, pensant, agissant, donneur de bons conseils, hardi dans l'action et plein de courage et de ruse, nous la trouvons à chaque page de la Bible.

C'est Sarah qui conseille à son mari Abraham de prendre une concubine pour ne pas mourir sans postérité. C'est Rebecca qui, consultée par ses parents, — comme nous voilà loin du mariage par rapt ou par achat des autres pays! — accepte de suivre en pays étranger l'esclave d'Isaac, chargé de ramener une épouse à son maître et qui, plus tard, multipliant les inventions habiles, extorque à Isaac sa bénédiction en faveur de Jacob, son fils préféré. C'est Rachel qui vend à sa sœur Lia une nuit de son mari pour… un bouquet de fleurs des champs! C'est elle encore qui, emportant dans sa fuite avec son mari, les dieux de son père Laban, sait fort adroitement les mettre à l'abri de ses perquisitions.

Et voici les cinq filles de Thésofcad : Mahla, Nolia, Hogla, Milia et Tirtsa, dont les noms méritent d'être conservés car elles se présentèrent devant Moïse, et devant le sacrificateur Eléazar, et devant les Princes, et devant tout le conseil, à l'entrée de la tente de l'Assemblée, disant : « Notre père est mort dans le
» désert et il n'avait point de fils. Pourquoi le nom de
» notre père serait-il aboli, quoiqu'il n'ait point de fils?

» Donnez-nous une possession parmi les parents de
» notre père. » Et Moïse ayant consulté Dieu, ou plutôt
ayant réfléchi et décidé dans sa justice, consentit à leur
demande et décréta qu'à l'avenir, à défaut de fils, les
filles hériteraient du bien de leur père.

C'est Hacsa, fille de Caleb, qui, donnée en mariage à
Hathmiel, comme récompense pour avoir pris une ville,
n'est pas satisfaite de sa terre dotale et persuade à son
mari de demander un champ à son père. « Elle demeure
» dehors en attendant sur son âne et Caleb lui demande :
» qu'avez-vous? Et elle dit : donnez-moi un puits, puis-
» que vous m'avez donné une terre méridionale et aride,
» donnez-moi aussi les sources d'eaux, et il lui donna
» les sources à fleur de terre et les puits. »

Et c'est la grande Deborah, qui jugeait souverainement les Israélites, et sous un palmier, entre Rama et
Methel, en la montagne d'Ephraïm, elle tenait les assises
et « les Israélites montaient vers elle pour être jugés
souverainement. »

Par son habile stratégie, elle attira Sisara, général de
l'armée ennemie, avec ses troupes et ses chariots,
dans une position désavantageuse au bord du torrent
de Kisçons, et, se mettant elle-même à la tête de dix mille
Israélites, elle tombe sur lui, écrase son armée et le met
en fuite... Et Sisara seul, errant, harassé de fatigue, s'en
vint demander asile à Jahel, la femme d'Heber Kenica,
son allié.

Jahel l'accueillit, lui donna du lait à boire et un lit
pour se reposer, mais, profitant de son sommeil, elle
prit un pieu de sa tente, et, à coups de marteau, le lui
enfonça dans la tempe.

Deborah, alors, entama un cantique d'actions de

grâces, un chant de triomphe et d'éclatant bonheur, où le délire de la joie prend les allures du délire de la fièvre ou du vin ; son esprit, trop fortement frappé, piétine sur place, il ne veut pas avancer; il se délecte dans les mêmes images, les mêmes souvenirs; il les rappelle au moment où ils vont s'en aller, il les contemple avec ravissement. Qu'on remarque aussi que Deborah, comme Eschyle dans sa tragédie « les Perses », se transporte en idée chez ses ennemis et décrit leur inquiétudee croissante ; elle s'écrie :

24. « Bénie soit Jahel, femme d'Heber, par-dessus les femmes, qu'elle soit bénie par-dessus les femmes qui habitent dans les tentes. »

25. « Il demanda de l'eau, elle lui donna du lait, elle lui présenta de la crème dans la tente des illustres. »

26. « Sa main gauche prit un pieu et sa droite un marteau de maréchal, elle a frappé Sisara et lui brisa la tête, elle lui a transpercé et traversé les tempes. »

27. « Il est tombé sur ses genoux à ses pieds, il est tombé, il a été étendu tout plat, il est tombé sur ses genoux à ses pieds, il est tombé où il est tombé, sur ses genoux, où il est tombé, tout désolé. »

28. « La mère de Sisara a regardé à la fenêtre et a crié par les jalousies :

« Pourquoi son chariot tarde-t-il ? Pourquoi les pieds de ses chevaux tardent-ils ? »

29. « Mais une des plus sages de ses principales dames a répondu, et s'est répondu à elle-même. »

30. « N'aurait-il pas remonté et ne se partagerait-il pas les dépouilles : une maîtresse ou deux à chaque héros, les dépouilles d'habits de couleurs pour Sisara, les dépouilles brodées de diverses couleurs et les dé-

pouilles d'habits de diverses couleurs brodés de côté et d'autres et autour du cou? »

31. « O Dieu, que tous vos ennemis périssent de la même manière et que vos amis ressemblent au Soleil lorsqu'il va à sa force.(1) »

Et c'est encore Ruth, que nous montre la Bible, c'est Noémi, c'est Judith, et Anna, la mère de Samuel, Anna, la mère de Tobie, et l'ingénieuse Milca, et la prudente Abigaïl, femmes de David; c'est la femme inconnue qui tua Abimelech du haut de la tour de Tabets, c'est la femme qui délivra la ville d'Arbel et tant d'autres dont la vie, j'entends la vie apparente, éclatante, bienfaisante ou pernicieuse, se mêle si intimement à la vie de l'homme, qu'elles ne forment à elles deux qu'une trame indissoluble, parvenue telle quelle à la postérité. Pas un autre peuple au monde ne nous offre dans son histoire ce mélange des énergies et des intelligences masculines et féminines, pas un autre peuple non plus n'est parvenu à surmonter tant de vicissitudes et à survivre intact au milieu des peuples hostiles, à se conserver dans le courant des siècles.

Certes, tout ne devrait pas être admiré dans les actes de ces femmes; au point de vue de la morale, il est peut-être répréhensible de dérober les dieux de son père ou d'enfoncer un pieu dans la tempe de son hôte, — mais pour nous qui connaissons le long martyrologe de la femme, qui savons quelle machine à travailler, quelle esclave anéantie, quelle ombre silencieuse et tremblante elle est dans les autres pays, nous

---

(1) Le livre des Juges.

ne pouvons regarder qu'avec une admiration joyeuse, les actes, quels qu'ils soient, par elle accomplis !

De la voir s'agiter, remuer, avoir des idées à elle, agir à sa volonté, vivre de sa vie propre, nous sommes saisies d'allégresse et comme les chrétiens s'écrient à Pâques : « Le Christ est ressuscité ! » nous nous écrions avec le même bonheur mais avec plus de vraisemblance : « La femme est ressuscitée ! »

***

Les femmes de l'Iliade et de l'Odyssée sont loin de posséder cette étonnante vitalité, cette décision, cette énergie quasi-virile; ce sont de molles et plaintives victimes.

Hélène, Briseïs, Cassandre, Polyxène, Hécube, Andromaque, ne savent que se laisser enlever, ou pleurer, ou mourir, elles ne sauraient nous inspirer que la plus profonde pitié. Il n'est rien de plus touchant que les paroles d'Hector partant au combat, à sa femme et à son enfant, — si ce n'est les lamentations de cette même Andromaque dans la tragédie d'Euripide, — mais nous réservons notre admiration pour la seule Clytemnestre. Elle seule sut accomplir un grand acte; elle seule eut, ce que nous appelons aujourd'hui, un beau geste.

Qu'on n'aille pas objecter que l'existence de toutes ces femmes, aussi bien que celle des femmes de la Bible, n'est que de la pure légende. L'objection ne vaudrait rien. La légende, le conte, le roman même, s'ils ne sont l'histoire de la société qui les a vus naître, en sont du moins l'image; image quelquefois plus parfaite, plus réelle que l'histoire péniblement retracée et si souvent falsifiée, — les Niebelungen, les Védas, l'Iliade, comme la Bible, nous donnent des types d'hommes et de femmes qui, s'ils n'ont pas été incarnés sous les traits du héros dont on les dépeint, sous le nom dont on les nomme, ont été reproduits des milliers de fois dans le sein de la société d'où la légende est issue, ont vécu anonymes et épars dans la multitude.

Si Rebecca, Judith, Deborah n'ont pas existé, sont des êtres purement légendaires, elles n'ont été créées par les auteurs des livres de la Bible, que parce qu'elles étaient vraisemblables, parce que, dans le peuple juif, mille femmes auraient eu assez de sang-froid, d'énergie, d'audace pour accomplir leurs actions. De même la Vénus de Milo, la Vénus de Praxitèle n'ont pas vécu dans leur radieuse beauté, mais elles sont le type du Beau en Grèce, leurs formes immortelles se retrouvent épars dans la multitude des femmes d'Hellas.

*
* *

Si, après avoir démontré cette remarquable supériorité de la femme israélite, non-seulement sur les femmes des races jaunes, noires et rouges, mais encore sur les femmes indo-européennes des temps anciens, — nous nous demandons à quelle cause elle doit être attribuée, la réponse sera facile : à la condition exceptionnellement douce qui fut, de temps immémorial, faite à la femme chez les Hébreux, à la liberté dont on lui permit de jouir, à l'existence, enfin, saine et normale qu'elle mena, aussi loin des travaux accablants de l'agriculture que de la paresse anémiante du gynécée. —

Mais si, remontant plus haut encore, nous nous demandons le pourquoi de cette rare bénignité, nous serons beaucoup plus embarrassés pour répondre.

En effet, pourquoi cette heureuse exception? Pourquoi, seuls parmi les émites, — les Juifs furent pourtant féroces dans leurs guerres : la Bible leur commandant de tuer tous leurs ennemis mâles et souvent les femmes et les enfants à la mamelle; Saül tomba dans la disgrâce de Samuel pour les avoir épargnés malgré sa défense, — pourquoi les Juifs eurent-ils envers la femme cette douceur?

Cinq grandes causes : la polyandrie, la polygynie, l'hétaïrisme, la caste et la dot — nous l'avons répété bien souvent — contribuent à l'amélioration du sort de la femme. Se trouvent-elles donc chez les Hébreux? Si nous les trouvions en effet réunies toutes les cinq, elles suffiraient amplement à expliquer la bonne condition de la femme chez ce peuple.

Mais nous n'en trouvons justement à peine que deux : l'hétaïrisme, qui fut très ancien chez eux, — la Genèse en fait mention — et la polygynie, qui y fut constante. Mais si la polyandrie, si apparente chez les Egyptiens et cause prépondérante de la suprématie de leur femme, n'a laissé aucune trace chez les Juifs, ils ne connaissaient pas la dot non plus ; au contraire, nous trouvons chez eux des restes de l'achat de la femme, par exemple, les présents faits aux parents de la fiancée (1) et du rapt pratiqué assez fréquemment (2) ; la caste est également inconnue chez eux.

---

(1) L'esclave envoyé par Abraham offrit au frère et à la mère de Rebecca des meubles d'or et d'argent et des présents exquis.
(2) Les Benjamites enlevèrent les filles de Scilo.

Trois des causes manquent donc; quant aux deux que nous trouvons, elles sont suffisantes chacune pour élever la femme d'un ou deux degrés au-dessus du niveau de l'abjection où elle croupit primitivement, mais ces degrés additionnés ne nous donnent pas la hauteur totale qu'elle atteint chez les Hébreux — et nous le savons pertinemment, parce que, chez les autres émites, ces deux causes, l'hétaïsme et la polygynie, se trouvant également réunies, elles ne procurent à la femme que la situation la plus infime, à peine au-dessus de celle de la femme des races noires et rouges, chez lesquelles ces deux causes manquent complètement. — Comme contre-partie nous avons les Touaregs, chez lesquels nous trouvons ces deux causes plus la caste, et immédiatement la condition de la femme se relève. Mais chez les Juifs, point de caste. Pasteurs, agriculteurs, guerriers, tour à tour et simultanément suivant que la nécessité les y force ou que l'occasion s'en présente — les Israélites, divisés simplement en douze tribus, ne connurent pas ces classes qui acquièrent peu à peu des droits et des privilèges, qu'elles transmettent à tous leurs membres, y compris les femmes. Les lévites seuls ont des attributs distincts et déterminés. Mais alors d'où vient cette mansuétude des Juifs envers la femme?

Le parasitisme du prêtre, qui, dans presque tous les autres pays du monde, se produisit et maintint la femme dans la situation la plus dégradée, serait-il absent chez les Juifs? Ou, par hasard, la femme aurait-elle rencontré un auxiliaire dans le prêtre?

Non, le parasitisme du prêtre existe chez les Hébreux parfaitement caractérisé et aussi vigoureux que chez la plupart des autres peuples.

Par la bouche de Moïse, Dieu dit aux lévites : « Je
» vous donne les prémices de toute la meilleure huile
» et de tout le meilleur vin doux et de tout le froment.
» Les prémices de tout ce qui croîtra et naîtra sur leurs
» terres vous appartiendront ; quiconque sera pur dans
» votre maison pourra en manger (1). »

Dieu dit aussi à Aaron, chef des prêtres : « Vous
» n'aurez point d'autre héritage dans leur pays, vous
» n'aurez point de partage parmi eux : je suis votre
» partage et votre héritage au milieu des Israélites. »

Mais l'héritage est enviable — il caractérise bien le parasitisme — et leur part n'est pas à dédaigner : une vie de quiétude et de douceur, sous les ombres fraîches du temple, loin des tumultueuses horreurs de la guerre, des fatigues de l'agriculture, des inquiétudes du négoce — une vie d'abondance et d'honneurs : la meilleure huile et le meilleur vin doux, le pur froment, les tendres agnelets, les chevreaux délicats, les veaux, les tourterelles et les primeurs en fruits, en légumes, en fleurs, et aussi les vêtements de lin d'Egypte, retors à six fils ou de soie de couleur hyacinthe, d'écarlate et de cramoisi, brodés de lames d'or...

**
* **

Il ne peut donc y avoir le moindre doute à ce sujet : le lévite subsiste aux dépens du peuple et ce n'est pas par l'absence du prêtre que nous devons chercher à expliquer la raison de cette situation tolérable de la

---

(1) « Tout ce qui naîtra le premier de tous les corps qui sont offerts à Dieu vous appartiendra des hommes du commun et des bêtes, mais ne manquez pas de racheter le premier né d'un homme du commun, rachetez aussi le premier né d'une bête impure. »

femme, situation qui provoqua chez elle un si heureux développement et fut peut-être la cause de la singulière vitalité du peuple juif : chez lui en effet le principe féminin ne fut pas affaibli et dégradé, et, malgré ses terribles vicissitudes, la race ne dégénéra ni ne s'éteignit.

Mais, pouvons-nous alors nous demander, le prêtre tout en vivant grassement aux dépens des travailleurs, ne fut peut-être pas chez les Juifs hostile à la femme ?

Partout, nous l'avons vu, où il y a prêtre, il y a ennemi de la femme, il y a obstacles et embûches dressés sur sa route, il y a un parti-pris absolu de l'abaisser et de l'humilier et le lévite ne fait point exception à cette trop générale règle.

Et cela, en Israël comme ailleurs, toujours pour deux raisons, partout les mêmes : la première parce que le prêtre, assez tard venu dans la société, a intérêt à maintenir cette société en l'état où il la trouve, sur laquelle il se développe, qui lui fournit un excellent milieu nutritif, dont il est conservateur par essence, par nécessité vitale, — et deuxièmement, parce qu'il doit craindre dans la femme trop émancipée une concurrence dans son parasitisme. Il faut en, effet, le reconnaître : jusqu'ici la femme n'a guère pu suivre que deux destinées : travailler pour l'homme jusqu'à extinction de force si l'homme l'y contraint ; s'il ne l'y contraint pas, se faire nourrir par lui. La femme qui travaille sans contrainte et pour elle-même, sans donner ou sans recevoir, est un produit du XIXe siècle.

La caste sacerdotale israëlite n'eut donc pas d'indulgence pour la femme et l'auteur de la Genèse la marqua au front d'un stigmate que les siècles auront peine à effacer.

L'origine attribuée par les prêtres à la femme est humiliante pour elle : ils la font dériver de l'homme, partie de sa substance, tirée de lui, pour lui servir de compagne « parce qu'il n'est pas bon que l'homme soit seul, » et, dès le principe, la mettent sous la dépendance de l'homme, en son entière possession de par l'œuvre de Dieu.

Ensuite cette faute immense et terrible dont on l'accuse : avoir transgressé l'ordre de Dieu, avoir invité l'homme au péché, cette faute dont les conséquences se feront sentir jusqu'aux plus lointaines générations, occasionnant aux humains les maux sans nombre sous lesquels ils gémissent, et que le sang du fils de ce Dieu implacable ne suffit pas à laver, la désigne à l'opprobre, à la vengeance, à l'éternelle malédiction de l'humanité !...

Néanmoins, et c'est un fait très curieux, la femme juive, toujours heureuse, a évité pour elle-même le châtiment dû à la faute, car le jugement, une fois rendu, la sentence prononcée, il n'en a plus été question chez les Hébreux, le législateur accorde à la femme quelques droits, le moraliste est sévère pour elle mais assez juste, le prophète ne l'enveloppe pas trop dans ses imprécations.

Isaïe blâme les femmes de Sion, qui se couvrent de bijoux et marchent en cadence, en clignant des yeux.

L'Ecclésiaste s'élève contre la femme qui abandonne son mari — tout ceci est particulier, en somme — et tous les pernicieux effets de l'affreuse imputation semblent glisser sur la femme israëlite, sans lui nuire, sans l'atteindre. Ils vont se déverser plus au loin, comme ces nuages chargés de foudre et de grêle, fuyant la montagne qui les vit se former, s'en vont éclater sur des terres plus éloignées... C'est la femme des nations chrétiennes qui en ressentit toute la fureur : elle en reste encore accablée.

Et tandis que les pères de l'Église, les moines, les prêtres n'ont pas pour elle assez d'outrages et de répressions, la femme israélite porte allègrement le poids de la faute originelle, et elle n'en a pas moins été, de toutes les femmes des temps anciens, celle dont la condition fut la plus favorable au développement de sa personnalité.

Mais cela ne dit pas le motif de cette heureuse exception? Toutes les questions que nous venons de nous poser à ce sujet, ne nous donnent que des réponses négatives.

Le prêtre lui-même a essayé de nuire à la femme et n'y a guère réussi. Il doit cependant y avoir à cette remarquable immunité, une raison qui serait intéressante à connaître... mais c'est un point de l'histoire de la condition sociale de la femme, qui, comme tant d'autres, n'a jamais été étudié que je sache.

Pour l'élucider il faudrait se lancer dans les hypothèses ; j'en hasarderai une, que voici :

Les Hébreux, dit la Bible, disent aussi quelques papyrus Égyptiens, — il est vrai que certains auteurs, entre autres M. Maurice Vernes, disent le contraire, — les Hébreux ont longtemps vécu sur la terre d'Égypte. Ils y pénétrèrent au nombre de quelques familles, ils s'y multiplièrent, ils y furent réduits en esclavage, contraints à bâtir dans le Delta une ville portant le nom de Ramsès ; ils finirent par s'enfuir, devenus un peuple important, mais ce peuple s'était développé sur un sol où la femme fut libre, respectée, eut tous les privilèges. Quoi d'étonnant à ce que, s'imprégnant des mœurs et des coutumes de leurs vainqueurs, les Juifs aient pris l'habitude d'avoir pour leurs femmes les égards que les Égyptiens avaient pour les leurs ? L'exemple vient toujours de haut ; le bas peuple, le vaincu est très imitateur, très singe de son maître. Mieux que cela, le fait de vouloir maltraiter une femme, de l'obliger à des travaux durs, eût révolté les Égyptiens ; ils n'auraient pas permis que leurs esclaves traitassent ainsi leurs femmes. L'imitation fit le reste. L'habitude de laisser la liberté à la femme entra dans les mœurs.

Telle est mon hypothèse. Si les Hébreux habitèrent l'Égypte, ainsi que l'attestent des textes égyptiens, et dans ces textes la coupe particulière des versets et le parallélisme des idées et des expressions, qui sont semblables aux caractères spéciaux des poésies hébraïques, s'ils y vécurent et y travaillèrent, ainsi que le montre une peinture, découverte à Thèbes sur les parois d'une chapelle funéraire, dédiée à Thoutmès III, si, dis-je, les Hébreux habitèrent l'Égypte, il y a bien des chances pour que cette hypothèse soit une vérité, d'autant plus que, d'après la tradition hébraïque, les Juifs adoptèrent la coutume de l'embaumement pendant leur séjour en Egypte : les patriarches Jacob et Joseph furent embaumés et leurs momies emportées par les Juifs dans leur fuite.

Ils purent aussi bien adopter les mœurs de leurs vainqueurs vis-à-vis des femmes.

* * *

Si nous passons maintenant aux peuples Grec et Romain, et si nous nous demandons quelle fut chez eux l'influence du prêtre sur la condition de la femme, nous nous trouvons en présence d'un nouvel état de choses, et nous verrons que cette influence ne fut pas très puissante, mais pour des raisons que nous n'avons pas trouvées jusqu'ici dans le monde.

L'influence du prêtre sur la condition de la femme fut presque nulle et cela simplement parce que le prêtre n'eut pas dans les sociétés antiques un très grand pouvoir : il eut peine à dominer l'homme lui-même..., la femme, encore plus loin de lui, plus cachée au fond de sa demeure, lui échappa par conséquent.

Les sociétés antiques ne furent pas des théocraties, mais plutôt des gérontocraties (1). En effet, l'autorité du *pater familias* contrebalança toujours l'autorité du prêtre ou plutôt ne lui permit guère de s'établir. Le terrible despote paternel s'attribue et conserve tous les pouvoirs : c'est lui le maître, c'est lui le prêtre, plus encore c'est lui le dieu. Les dieux lares, les pénates, les génies du foyer, toutes ces divinités familières et particulières à chaque famille, ne sont que les ancêtres divinisés. Chaque père de famille est donc certain de recevoir à son tour les honneurs divins.

En attendant, il officie ; chaque famille a ses rites, ses sacrifices, sa religion particulière. La femme, en se mariant, renonce à la religion de sa famille, pour adopter celle de son mari. L'esclave acheté est, de même, admis aux pratiques de cette religion familiale. C'est un crime de négliger ces pratiques.

---

(1) Gouvernement des vieillards.

La loi militaire, malgré sa rigueur, permet au soldat de ne pas se trouver sous les drapeaux au jour fixé, s'il doit assister ce jour-là à un sacrifice qui ne peut se faire sans lui (1).

D'un autre côté l'État, dès la formation du peuple romain, a mis la main sur toutes les divinités supérieures, communes à tous.

Dès les premiers rois, Numa avait inscrit sur des registres nommés *sudigitamento*, les noms des dieux qui président à tous les moments, à tous les actes de la vie.

Dans ces conditions, les religions romaine et grecque (assez analogues), n'eurent jamais de vie propre, indépendante. Toujours elles furent, soit emprisonnées dans dans la famille, tout au plus dans la *gens*, dans la *phratrie* et, par conséquent, morcelées, émiettées, — puisque chaque famille a son culte particulier, celui de ses ancêtres ou de quelque divinité protectrice de la famille (2), célébré par des rites privés (sacra privata), gardé jalousement autour du foyer, — soit emprisonnées également dans l'État, soumises à des lois instituées par lui, les *libri pontifici*, servies par des prêtres nommés par l'État (ou par le peuple même) (3), et dont le nombre, les fonctions, les rétributions sont déterminés par lui, et qui malgré l'autorité assez grande et les nombreuses prérogatives dont jouissait les Pontifices, les Flamines, les Vestales, ne jouent

---

(1) Aulu Gelle, XVI, 4.
(2) Par exemple : Fabolinus qui enseigne à l'enfant à parler, la déesse Educa qui lui apprend à manger, Potina à boire, Iterduca qui surveille ses premiers pas, etc., etc.
(3) La loi Domitia ordonna que désormais les prêtres des grands collèges seraient nommés par le peuple, même le Pontifex Maximus. (An 655 avant J.-C.)

jamais sous le rapport civil de rôle prépondérant...

Plus tard, Auguste et les empereurs, ses successeurs, prenant le titre de Pontifex Maximus, confisquèrent le culte à leur profit, l'asservirent comme le gouvernement ; ils firent de la religion une chose à eux. Ce fut une immense force captée à leur profit, un moyen d'irrésistible domination, — et le chef de l'État, chef de la Religion, le pouvoir de la contrainte par corps et celui de la contrainte par âme, centralisés dans les mêmes mains, édifièrent ces colosses de despotisme qui ont nom Tibère, Néron, Caligula (1).

« Grâce à ce système, dit Gaston Boissier, aucun conflit ne s'est jamais élevé entre la religion et l'État, le gouvernement romain, malgré les démonstrations de piété dont il est prodigue, n'est pas devenu une théocratie, la religion n'a jamais été pour Rome un embarras mais une force, et enfin Cicéron a pu dire avec raison, qu'elle lui a servi à vaincre le monde. »

Ainsi, chez les Grecs et les Romains — d'un côté, le culte des ancêtres, la religion particulière à chaque famille pratiquée au sein de cette même famille, donnant satisfaction aux aspirations religieuses de ses membres *sans le moyen du prêtre*, — de l'autre, l'Etat créant un corps de prêtres, un collège sacerdotal mais le limitant le règlant à sa guise, ne lui laissant aucune indépendance, se contentant de lui assurer argent, honneurs et privilèges, mais sans permettre d'empiétement, le fléau de la théocratie ne put s'abattre sur ces peuples. Les

---

(1) Constantin lui-même, après être devenu chrétien, ne renonça pas à son titre de Pontifex Maximus. Ses successeurs le conservèrent jusqu'à Gratien, qui fut le premier à le refuser, probablement d'après les conseils de St Ambroise.

Juifs et les Chinois, ayant pris les mêmes précautions évitèrent aussi ce danger ; et, sur ces sociétés, les ravages du prêtre furent à peu près nuls, grâce à cette excellente prophylaxie.

Une autre raison, qui s'opposa aussi à ces développements monstrueux du parasitisme du prêtre, qui anémie tant d'autres nations, les ronge et les désagrége.... c'est que les Grecs, les Romains, les Hébreux, les Chinois eux-mêmes, avant de s'établir et de s'immobiliser dans leur vaste empire, étaient des peuples actifs, remuants, plein d'ardeur, de passion et d'idées. Ils convoitaient les conquêtes, le butin et la gloire; ils aimaient et cultivaient les lettres, les sciences, les arts, et leur tempérament impétueux se serait mal accommodé du joug pesant d'une caste sacerdotale. Ceux qui aiment la terre, les joies immédiates, les bonheurs tangibles, ceux qui veulent vivre leur vie et que l'esprit et le courage éclaire et anime, ne s'inquiètent pas des promesses nuageuses, des félicités lointaines, ni des fantastiques terreurs. Les Grecs craignaient la mort, n'aimant que la vie, la douce lumière du jour.

Du reste, ces peuples robustes peuvent quand même nourrir, sans être affaiblis, un corps sacerdotal de moyenne importance, tels ces pommiers vigoureux qui, au lieu d'en être épuisés, se couronnent et s'embellissent des boules verdoyantes du gui.

Chez les Grecs et les Romains, le corps sacerdotal ne fut donc pas nuisible à l'homme, parce qu'il ne put l'atteindre et le dominer; par conséquent, et, tout naturellement, la femme échappa aussi à son influence.

Elle eut, certes, chez ces peuples, un sort qui nous semblerait aujourd'hui bien dur : soumise à son père, soumise à son mari, à ses fils, privée de tous droits civils et politiques, quoique, comme nous l'avons vu, ainsi que toutes les femmes de race aryenne, pas absolument maltraitée, pas astreinte, la femme libre du moins, à des travaux trop fatigants.

Il ne paraît pas cependant que cette situation se soit aggravée par l'influence du prêtre. Au contraire, il semble plutôt que le Polythéisme fut favorable à la femme, en tout cas, cette religion lui fut bienveillante et accueillante.

Je n'y trouve nulle part ces expressions d'un mépris méchant, qui ôtent à la femme jusqu'à l'espoir du relèvement, telles, par exemple, que cet axiome de Manou : « les femmes ont en partage l'amour de leur lit, de leur siège, de leur parure, la concupiscence, la colère, les mauvais penchants, le désir de faire du mal et la perversité. »

La femme en Grèce, n'était pas exclue des temples ; elle participait aux cérémonies, aux processions. Certaines fêtes n'étaient célébrées que par elle : les Thesmophories, consacrées à Cérès Thesmophore ou législatrice ; les Sténies en l'honneur de Minerve Sténiade ou déesse de la force, et les Panathénées où « en longues « files, les vierges tenant des coupes, des gerbes de blé, « portant le grand voile de la déesse, montaient pas à « pas la colline de l'Acropole, frôlaient les propylées et « entraient au Parthénon (1) ».

Mieux encore : La femme était prêtresse ; elle vivait au-dessus du peuple, le dominant, retirée en des temples, vêtue de costumes symboliques, rythmant ses gestes, et

---

(1) Gustave Flaubert, la tentation de St-Antoine.

recéleuse des rites mystérieux, participant de l'occulte et redoutable puissance du Dieu...

Mieux encore : elle était divinité... Elle était Vénus la *toute d'or*, la beauté féminine dans tout son éclat, dans toute sa douceur...

Elle était Junon, l'épouse jalouse et fidèle, l'acariâtre matrone.

Elle était Minerve, mais alors elle n'est plus femme : elle personnifie la sagesse, l'intelligence souveraine et rayonnante.

Elle était Cérès, Diane, Iris, Pomone et les Grâces, les Muses, les nymphes innombrables des eaux, des prairies et des bois...

Et voilà comment cette religion si jolie, loin d'être nuisible à la femme, lui rendit, au contraire, le service immense de changer l'aspect sous lequel on la considérait, de la faire passer du mépris à l'adoration, en un mot, de la poétiser.

* *

Malheureusement, les regards de l'humanité se détournèrent des sommets lumineux de l'Olympe et ce fut le calvaire, — le noir calvaire — qui les attira.

Les ténèbres, qui s'appesantirent sur la montagne du supplice au moment de la mort de Jésus et les nuages épais, l'atmosphère suffocante d'électricité lourde gagnèrent toute l'Europe et, pendant dix-sept siècles, un morne crépuscule rayé de sanglants éclairs, l'enveloppa. Il y eut, sur la surface du monde, un grand mouvement rétrograde, puis une stagnation prolongée.

Tout ce qui était joie, beauté, amour, lumière, fut

proscrit, la nature elle-même devint odieuse. Les qualités corporelles se perdirent dans le dédain ; les fonctions des sens, c'est-à-dire les seuls moyens que l'homme possède pour entrer en contact avec l'Univers, pour le connaître quelque peu et y continuer l'existence de son espèce, furent honte et péché ; aux nobles jeux de la lutte, de la course, du disque, à la gymnastique, à la danse succéda l'attitude rigide de la prière ; aux bains chauds et froids, aux hygiéniques ébats dans les grandes piscines de marbre, la robe de bure et le cilice de crin ; la chair fut meurtrie en tout son épiderme, en toutes ses fibres, et à cette haine du corps se joignit la haine de l'esprit, de l'esprit chercheur, libre, entreprenant et hardi ; tous les bonheurs de ce monde, tous ceux qu'on peut trouver et cultiver autour de soi, furent rejetés, on n'aspira plus qu'aux chimères supraterrestres : l'humanité devint ce chien stupide qui lâche la proie pour l'ombre, et on n'eut plus le choix qu'entre la bigotterie, qui conduit au néant de la pensée, et le mysticisme, dont les hauteurs sont semblables aux régions trop élevées de l'air où, faute d'oxygène, les oiseaux eux-mêmes ne peuvent plus voler !...

Cependant, ne réfléchissant pas que, là où il y a déchéance et oppression pour l'homme, il y a aussi déchéance et oppression pour la femme, bien des gens acceptent cette opinion courante : le christianisme a fait beaucoup pour le relèvement de la condition de la femme.

Certes, nous ne le nierons pas, le doux anarchiste Jésus eut pour la femme pitié et bonté : il sauva la femme adultère et excusa la Magdeleine, mais s'il y a des paroles vaines, parmi les plus vaines ses paroles furent vaines ! Quels effets pratiques ont-elles produits ? En quelle mesure s'en améliora la condition de la femme ? Demandez donc à la prostituée, traquée par la police, emprisonnée sans jugement, jetée à l'hôpital, soumise à l'humiliation et à l'iniquité de son *règlement*, si elle trouve qu'il lui a été beaucoup pardonné parce qu'elle a beaucoup aimé ?...

Non, sans vouloir diminuer la compassion tendre de Jésus, reconnaissons qu'elle a été à peu près inutile, mais, même si, en quelques cas isolés, elle a été favorable à la femme, au point de vue social, elle n'a amené aucun résultat, cela est bien certain.

Du reste, la doctrine de Jésus, cette doctrine de renoncement à tous les biens de la terre, cette doctrine de douceur, qui est faiblesse, de patience qui est lâcheté, de pardon pour tous qui est injustice, de résignation aux faits accomplis qui est négation du progrès, cette doctrine qui a frappé l'humanité d'une sorte de maladie mentale, allant de l'hébêtement au délire persécuteur, a fait à l'homme un mal trop grand, trop irréparable pour avoir pu, en même temps, faire le moindre bien à la femme.

En effet, où sont donc les avantages matériels, les faits positifs, car il ne faut pas nous contenter de paroles, que le christianisme a obtenus à la femme ?

Tous les auteurs catholiques qui parlent sur ce point, se perdent dans les déclamations creuses, mais jamais ne citent un seul fait à l'appui de leur dire. Au contraire, nous voyons les torts, les dommages faits à la femme par le christianisme, et il n'y a point à les nier.

En effet, la femme fut chassée des temples où elle était admise à titre de prêtresse.

Cette exclusion se fit insensiblement. Dans la primitive Eglise, il y avait des diaconesses; St-Paul nous parle de la diaconesse Phébé, qui lui rendit des services, mais toute fonction sacerdotale fut bientôt enlevée à la femme. — Elle ne participa plus aux cérémonies, il n'y en eut plus de spécialement réservées pour elle, comme les Thesmophories, les Sténies, plus de temples uniquement desservis par elle; elle fut reléguée dans les bas-côtés de l'Eglise et dut se couvrir la tête d'un voile. Le terrible St-Paul le recommande, expressement il s'écrie : « Qu'une femme qui ne se couvre pas la tête d'une voile se déshonore et qu'il faut aussi lui couper les cheveux. »

Ainsi, avec le christianisme, la femme descendit des autels : ses temples, Cnide, Amathonte, Chypre, Paphos, Ephèse furent détruits, ses statues renversées, dispersés ses longs cortèges des prêtres — Cybèle seule en avait de cinq sortes : les Agyrtes, les Corybantes, les Curêtes, les Idéens, les Galles — et ses fêtes, les Eleusinies, les Canéphories, les Aphrodisies, les Junonales qui, parmi les chants, les danses sacrées, les libations, duraient plusieurs jours, ne se renouvelèrent plus.

Le christianisme, dit-on toujours triomphalement, a établi le culte de la Vierge Marie, relevant par là la condition de la femme. On oublie toute l'antiquité et on ne sait pas qu'on fut obligé d'instituer pour les femmes le culte d'une femme, parce que, lorsque le christianisme pénétra dans le monde romain, il éprouva une résistance. Cette religion triste était peu faite pour plaire à l'âme joyeuse des Latins.

Les femmes surtout ne pouvaient renoncer à leurs

bonnes déesses : Junon Pronuba protégeant les mariages ; Lucine présidant aux accouchements — et les déesses inférieures, mais si douces, aux ménagères : Nona et Decima garde-malade, les deux nourrices Eduna et Potina, Carna berceuse, dont le bouquet d'aubépines éloignait de l'enfant les mauvais rêves, jusqu'à Nœnia le centenaire, murmurant sa complainte au lit de mort des vieillards.

Pour ces âmes simples, pour le menu peuple attaché à ses coutumes, à ses légendes, le Dieu des chrétiens, cet étrange Dieu en trois personnes, était trop complexe et trop lointain.

Ce n'est pas Dieu le Père, ce Jehovah tombé en léthargie, ni la colombe mystique, le pigeon ramier planant éternellement, qui n'a pas d'histoire, ni même Dieu le fils cloué sur sa croix — le supplice de la croix réservé aux esclaves était peu fait pour toucher les âmes romaines — ce n'est pas la S^{te}·Trinité qui aurait pu frapper leur vive imagination ; les trois personnages n'étaient ni assez poétiquement, assez splendidement divins, ni assez humains ; on inventa la Sainte Vierge.

La mère de Jésus — mère aussi de Jacques et de Jean, ainsi que cela est dit à plusieurs reprises dans les Evangiles — était restée dans l'ombre pendant les premiers temps du christianisme.

On l'offrit à la vénération des femmes romaines, et désormais elle remplaça toutes les bonnes déesses : les innombrables Notre-Dames remplirent leur office, elles furent invoquées dans toutes les circonstances de la vie, il en est qui, comme Lucine, présidèrent aux accouchements : on se souvient de la chanson que Jeanne d'Albret chanta, tandis qu'elle mettait au monde son fils Henri IV :

> Notre Dame du Bout du Pont
> Priez Dieu qu'il me vienne en aide
> Et qu'il me donne un beau garçon...

Le besoin pour la femme de se sentir protégée dans sa détresse par des puissances surnaturelles et amies avait trouvé son aliment dans Marie, plus femme que Minerve ou Junon, et qu'on disait cependant Mère d'un Dieu. Le christianisme put continuer sa trouée.

Marie resta mère, resta femme pour les petits, pour les humbles; et ce côté charnel, la rapprocha d'eux, c'est sa maternité heureuse, lorsqu'elle apparaît portant un petit enfant dans ses bras, qui la fait adorer de la multitude des femmes. Chacune se reconnaît en cette femme, chacune aime ce petit enfant. Sa maternité douloureuse la rend compatissante aux affligés. Consolatrix afflictorum.

Mais pour les docteurs, pour les théologiens, il se fit un dédoublement : la vierge se dégagea de la mère de Jésus. Marie symbolisa la virginité. La virginité, chose exquise, lorsqu'elle est simplement l'attente du bien-aimé, la pureté de celle qui ne veut être qu'à un seul, mais vertu meurtrière de l'individu et de la société lorsqu'elle s'éternise, lorsque le corps se dessèche et s'angoisse dans une lutte contre lui-même, lutte ridicule et antiphysique... la virginité, recommandée comme une fin est la grande aberration du christianisme, et à l'encontre de toute la nature, de toutes les espèces d'animaux et de plantes qui n'ont qu'un but, qu'une seule raison d'être : procréer, donner le jour à des êtres semblables et même supérieurs à eux la virginité s'en vint tarir la vie dans sa source, arrêter l'essor de la vie.

Elle dépeupla la terre au profit du ciel !...

Ce n'est pas tout : l'amour de la virginité entraîne la haine des unions charnelles ; ce qui n'était pas chasteté fut luxure, et la femme, accusée de ce honteux péché, devint un objet de dégoût et d'horreur.

Déjà le Christ avait dit : Je suis venu pour détruire l'œuvre de la femme, et Saint Paul avait proclamé l'éternel abaissement de la femme : « Mais je veux que vous sachiez encore, dit-il, que le Christ est le chef de tous les hommes et que l'homme est le chef de la femme » et ailleurs : « L'homme est un rayon de la gloire de Dieu, la femme est un rayon de la gloire de l'homme. Que les femmes soient donc soumises aux hommes, comme la loi l'ordonne. »

Mais, lorsque à ce rappel par Jésus de la faute originelle de la femme, qui fit succomber l'homme à la tentation de goûter au fameux fruit défendu, lorsqu'à cet abaissement systématique de la femme par Saint Paul, vint s'adjoindre la crainte des œuvres de la chair, la pudeur, la honte maladive de tout ce qui est amour et mariage, le déchaînement des chrétiens contre la malheureuse instigatrice du péché ne connut plus de bornes...

Voilà donc le mal fait à la femme par le christianisme : elle est chassée des autels et des temples, accusée du péché originel, cause du malheur du genre humain, décrétée inférieure à l'homme, obligée de se soumettre à lui ; et des millions de femmes sont condamnées à l'état anti-physique de la virginité perpétuelle, à la stérilité si redoutée des femmes des autres religions, aux privations des joies de l'amour et de la maternité; mais le bien fait à la femme par le culte de la Vierge et par le christianisme, où est-il donc ?

Nous parlions des consolations apportées par la Vierge aux femmes du peuple ; on peut répondre peut-être que voilà le bien fait à la femme. Mais non, car Marie ne vint que pour remplacer les déesses du foyer; le bien qu'elle fit, les déesses le faisaient. Ce n'était pas la peine de changer.

S'il m'est impossible de découvrir en quoi le christianisme fut utile à la femme, en revanche j'aperçois fort clairement une chose que l'on n'a pas assez remarquée, et qui, cependant, est bien digne d'attention et que je recommande aux féministes : *la femme fut infiniment utile au christianisme.*

Nous venons de dire le service rendu par Marie, qui aida si puissamment à l'établissement du christianisme. Or, Marie était une femme, c'est en tant que femme qu'elle fut utilisée, l'Eglise seule en eut le profit.

C'est, nous venons de le voir, d'abord Marie, une femme, qui aida si puissamment à l'établissement du christianisme, les chrétiens ne le reconnaissent-ils pas en disant qu'elle écrasa la tête du serpent? Ce serpent c'est le paganisme. La reconnaissance leur a inspiré ce symbole.

Mais ce service involontaire, rendu par une femme au christianisme naissant ne fut pas le seul. Il fut suivi d'une multitude d'autres et des plus conscients, des plus actifs, des plus dévoués.

Toute une légion de femmes entoure la nouvelle religion et protège son frêle berceau. Après Marthe et Marie, les deux Marie et Magdeleine, de pieuses femmes, s'attachent aux apôtres, surtout à Saint Paul : la diaconesse Phébé, déjà nommée, Priscille qui lui fut chère, Lydie la bonne hôtesse, Perside.

Puis apparaissent les longues théories des martyres, des vierges, des veuves. Dans les arènes, sous la dent des fauves, en face des glaives, des tenailles, des roues, la femme est aussi follement héroïque que l'homme. Par ce courage elle conquiert l'admiration des premiers chrétiens, et ceux qui la chassent de leurs églises en tant que prêtresse, vénèrent ses reliques, en tant que sainte, sur leurs autels.

Puis, c'est le cloître qui prend la femme ; mais la femme pare ces sombres murailles de la grâce de ses vertus ; enfin les congrégations se forment : les filles de St-Vincent de Paul, les petites sœurs des pauvres s'en vont vers les bas-fonds de la misère porter leur active et rayonnante charité...

On en fait honneur à l'Eglise : admirez, dit-on, la beauté de cette religion qui enfante des dévouements si purs, si sublimes !... Il faut dire : Admirez la femme qui malgré les erreurs dont on enténèbre son esprit, malgré la vie hors nature à laquelle on la condamne, a su faire éclater aux yeux de tous, les merveilles de son cœur, ces trésors d'abnégation, de tendresse, de pitié, de courage, enfouis jusqu'alors sous les cendres du foyer !...

*
* *

De nos jours il se passe un phénomène très curieux et dont je ne trouve l'analogue dans aucun temps ni dans aucune autre religion.

Le parasitisme du prêtre dans le Christianisme commença seulement vers le 11e siècle (jusqu'alors les apôtres, Saint-Paul, entre autres, et les premiers pasteurs tenaient à honneur de travailler de leurs mains) (1) mais à peine apparu, ce parasitisme s'accrût très rapidement. Nous n'avons pas besoin de rappeler quelle portion énorme de territoire, quelles sommes fabuleuses étaient désignées sous le nom de biens du clergé, lorsque le grand rateau de la Révolution les nivela. Nous n'avons pas besoin non plus de dire combien plus rapidement encore ces biens se réentassèrent de nouveau ni de faire la moindre allusion au milliard des congrégations.

Mais voici le fait bizarre :

Durant tout le moyen-âge et plus tard, le parasitisme du prêtre s'exerçait sur l'homme et sur la femme, lorsque brusquement au XVIIIe siècle, grâce à Voltaire, aux encyclopédistes, aux philosophes, aux savants, ces faisceaux de lumière, il perdit pied du côté de l'homme.

La femme à peu près seule en resta grevée... Le prêtre ne trouvant plus son support que sur la femme, ce fut sur elle, à travers elle, si je puis m'exprimer ainsi, qu'il parvint à puiser sur l'homme ses éléments nutritifs et à continuer à s'en gorger, à s'en engraisser...

L'intérêt vital du prêtre consiste donc désormais à fortifier son support. Aussi, lorsqu'il a eu conscience de cet état de choses, l'homme se dérobant, la femme lui restant, sa tactique a complètement changé... Autant il avait autrefois intérêt à maintenir la femme sous la dépendance paternelle et maritale, pour ne point désor-

---

(1) Voir le St-Paul de Renan.

ganiser cette société si fructueuse pour lui, pour ne point se créer en la femme émancipée une concurrence quelquefois rude, autant maintenant il trouve une nécessité urgente à la débarrasser de ses liens légaux, à lui permettre d'acquérir des droits, et surtout des richesses, avec toute facilité d'en disposer — car il le sait bien, l'intelligent et souple parasite, ce qu'il fait pour la femme, il le fait pour lui. Telle loi favorable à la femme lui profite; tels droits accordés à la femme s'exercent en sa faveur; tel bien dispensé à la femme vient l'enrichir.

Un seul exemple : le droit de tester, accordé aux femmes, — pourait-on le nier? — ne fut-il pas plus avantageux à l'Eglise qu'à l'amitié, qu'à la bienfaisance privée même?

Et ces biens immenses des congrégations, ce milliard et quelques millions du clergé régulier, à qui le doit-il? Quel travail les lui a donnés? Quelle entreprise les lui a fait gagner? Pour la plus grande partie, un seul travail, une seule entreprise : travail patient, habile, jamais interrompu, travail plein d'art, de dextérité, de prudence, entreprise énergique, audacieuse, exigeant et réalisant l'entente la plus étendue et la plus entière entre tous les associés : la captation.

C'est pour ce but qu'a surgi cette chose étrange, le prêtre féministe, provoquant ce mouvement, le féminisme chrétien, qui est déjà un parti, a déjà ses auteurs, ses orateurs, ses journeaux, ses revues.

En Belgique, le féminisme chrétien, plus remuant encore qu'en France, fait campagne pour l'électorat de la femme.

Or, le bulletin de vote dans la main de la femme,

c'est une majorité de députés catholiques au Parlement, — c'est le triomphe de l'Eglise, c'est le retour aux temps lugubres du Moyen-âge.

Ah! certes, j'ai suivi du fond de sa misère cette esclave à peine affranchie, j'ai pour la femme une grande, une immense pitié, j'ai la conviction absolue qu'elle doit tenir tous ses droits pour tenir son bonheur, et cependant, je l'avoue, si l'on venait me demander de parler en faveur de l'élection de la femme, j'éprouverais une bien tremblante hésitation...

Cependant, s'il est une cause juste c'est celle-là... l'égalité des devoirs implique l'égalité des droits. C'est un principe absolu : des sophismes seuls peuvent le combattre. Mais la raison, mais la science, ces pures et délicates lumières, faut-il les exposer aux souffles perfides de la Nuit?

CONCLUSION

L'Avenir de la Femme

La femme de l'époque quaternaire, la femelle robuste, aux mâchoires énormes, aux arcades sourcilières proéminentes, aux longs bras fortement musclés, étroite de bassin, velue, agile, formidable, de tous points semblable aux mâles de son espèce, — s'est muée, les siècles s'écoulant, en la femme de l'âge de la pierre polie, encore solidement charpentée mais déjà plus faible que l'homme et asservie par lui.

De cette esclave, abrutie par de rebutants travaux, est sortie, après des centaines de générations, et grâce à une inconsciente sélection, la femme de gynécée : l'être joli, uniquement propre aux voluptés masculines, la femme aux hanches larges, à la peau fine, aux extrémités délicates, aux faibles conceptions intellectuelles, si largement représentée à notre époque.

Parallèlement à ce type de femme, s'est maintenu un autre type féminin, une femme sèche, vigoureuse, aux hanches étroites, aux rudes mains, aux gros os, et complètement dépourvue de ce que l'on appelle la grâce féminine; c'est la femme encore adonnée aux travaux de la campagne et de l'industrie, c'est la paysanne, c'est l'ouvrière.

Ces deux types féminins, spécialisés l'un pour la joie (la joie de l'homme), l'autre pour la peine (sa peine à elle), se partagent l'immense majorité de la féminité à notre époque.

Pourtant voici qu'il en survient un troisième. La femme de peine s'affine parfois, la femme de joie se fortifie quelque peu, et c'est la femme des temps modernes, dont quelques rares spécimens éclos dans les siècles antérieurs vont, il me semble, se multipliant.

La femme moderne possède une force nerveuse qui n'exclut ni la grâce, ni la beauté ; son intelligence cherche à égaler celle de l'homme ; elle veut comme lui cultiver les sciences et les arts ; elle veut ne devoir sa situation qu'à ses efforts ; elle a conscience de ses droits ; elle travaille à les obtenir ; pour elle, l'homme n'est plus le maître qu'elle cherche à capter par ses câlineries et ses charmes, mais l'associé, l'ami, dont elle veut partager les travaux et mériter la confiance et l'estime.

Ce type de femme est encore d'une rareté extrême ; mais il existe, il s'affirme, il s'accroît de jour en jour.

Que sera la femme de demain ?

Y aura-t-il régression ou bien l'évolution féminine continuera-t-elle son ascension régulière ? Le type que nous venons de décrire, va-t-il se multipliant au point de devenir le type commun de toutes les femmes, ou disparaîtra-t-il pour laisser la prédominance aux types anciens, ou encore fera-t-il place à un type tout nouveau que rien ne fait prévoir ?

Sur ce sujet toute affirmation serait téméraire, antiscientifique.

Cependant, de nombreuses probabilités militent en faveur de la marche en avant de l'évolution féminine, c'est-à dire du développement en force et en harmonie du corps de la femme, de l'expansisn de ses facultés intellectuelles et morales, et tous ses intérêts, tous ceux même de l'humanité, d'accord avec la justice, avec la logique, avec le simple bon sens, s'unissent en un immense effort vers l'égalité parfaite entre les sexes.

Et devant cet effort, les obstacles semblent s'aplanir, les vieilles entraves se rompent, l'homme lui-même, — l'homme éminent de tous les pays, — se fait l'auxiliaire de la femme, lui prête son concours le plus dévoué.

La loi qui fut partout et toujours si dure, si injuste pour la femme, s'assouplit enfin, s'adoucit, lui concède de nouveaux droits. Dans les pays anglo-saxons et scandinaves, l'égalité civile des sexes est déjà presque un fait accompli, et dans ceux que régit le Code Napoléon, le besoin se fait sentir de reviser et de refondre la législation matrimoniale si oppressive pour la femme, d'entourer de quelque protection la fille séduite, jusqu'ici traitée en paria et sacrifiée sans pitié à l'égoisme masculin; partout des commissions se forment; par le journal, le livre, la conférence, une agitation se crée, de grands mouvements émancipateurs se dessinent. L'égalité civile n'est en Europe qu'une question de quelques années. Les droits politiques seront les dernières forteresses dont les femmes auront à s'emparer; elles les conquerront aussi; ne l'ont-elles pas fait déjà en Australie, dans six colonies anglaises sur sept, et en Amérique dans les états de Wyoming, d'Utah, de Colorado, d'Idaho? Ne viennent-elles pas de les obtenir en Finlande?

Les religions, elles, ne peuvent changer leurs principes si contraires, si hostiles à la femme; mais elles succombent elles-mêmes; leurs dogmes s'écroulent, bientôt elles auront perdu tout pouvoir, toute nocivité; bientôt leurs prêtres n'auront plus aucune influence. Déjà la femme leur échappe peu à peu, avec une lenteur très grande, il est vrai, mais cependant appréciable.

Toutes les vertus chrétiennes, la résignation, la patience, la soumission, le pardon des injures, l'humilité, qui font les âmes veules et sacrifiées, favorisant les tyranies, ne trouveront bientôt plus d'apôtres pour les prêcher, de disciples pour les exercer, et la femme, de plus en plus, sentira qu'elle est non un simple membre de cette entité appelée famille, mais un être indépendant, ayant droit au complet épanouissement de sa personnalité; elle saura que solidarité n'est pas sacrifice, que dévouement n'est pas obéissance, et que fidélité n'est pas crainte et devoir mais amour.

La libre-pensée travaille donc à l'émancipation de la femme, et la femme, pénétrée peu à peu du sentiment de ses véritables intérêts, travaillera au développement de la libre-pensée.

Le progrès de l'instruction, accentué depuis la laïcisation de l'enseignement primaire, prépare, en France, plus rapidement qu'ailleurs, cette libération de la femme; toutes les barrières qui s'élevaient autour d'elle pour la cloîtrer dans son ignorance tombent, les unes après les autres : l'enseignement secondaire, (par la création des lycées de filles,) l'enseignement supérieur lui sont ouverts : elle peut obtenir baccalauréat, licence, doctorat, agrégation, elle a forcé l'entrée de l'Ecole des Beaux-Arts, de l'Ecole normale, de l'Ecole des Chartes, des Facultés de droit et de médecine.

Enfin et surtout cette poussée des nécessités économiques qui, sous peine de mort de l'individu et de disparition de l'espèce, contraint les femmes à se jeter dans le travail industriel, commercial, agricole, les oblige à solliciter toutes les places, à s'insinuer dans toutes les administrations, cet énorme effort vital sera un des facteurs les plus puissants de ses progrès constants en force physique et en ampleur intellectuelle.

Toutes ces causes sont tangibles; nous les avons sous les yeux, elles agissent journellement autour de nous; nous pouvons donc, sans avoir à faire la moindre excursion dans le royaume des chimères, croire en un progrès indéfini de la femme, nous persuader avec quelque raison, qu'un être tout nouveau est en elle et va se révéler, et que par la femme *supériorisée*, l'humanité pourra franchir un degré de cette échelle des êtres qui, insensiblement, mais sans arrêts, s'élève toujours.

En effet, si la femme se perfectionne, l'homme, fils de la femme, se perfectionne également.

Que cette vérité si claire a donc été peu comprise jusqu'ici !...

Quel est cependant l'éleveur qui n'en est pénétré et ne cherche à améliorer les races animales, aussi bien par les belles femelles que par les beaux mâles? Quel est le mouleur qui ne sache qu'il perdrait son ouvrage en coulant la matière la plus pure dans un moule défectueux?

Seul, l'homme a, comme à plaisir, avili et dégradé la femme, mère de ses enfants, et jamais la suprême raison de l'intérêt de la race n'a été admise par lui.

Le jour où, par la force des choses, la survivance des plus aptes, — et tout à fait en dehors d'une intelligente sélection que l'homme n'accomplira jamais parce que, dans le choix des femmes, il n'est pas guidé par le désir d'améliorer sa descendance, — la femme acquerra le plein exercice de ses facultés, le complet et logique développement de son corps, ce jour-là une humanité insoupçonnée apparaîtra sur la planète.

Ce ne sera pas la surhumanité dont parle Nietszche : il ne la conçoit que comme la suprématie d'une élite, « d'un petit nombre de génies supérieurs », faits pour vivre aux dépens de la multitude innombrable des hommes « dont la douleur doit être encore augmentée ». Ce sera une humanité adaptée dans *sa totalité* aux besoins supérieurs qu'elle s'est créé et qui deviendront de plus en plus des nécessités vitales pour elle : la Justice, mise enfin enfin dans les mains de la Force, la Bonté, le désir impérieux du bonheur de tous, abolissant l'égoïsme, sottise de l'instinct, pour le remplacer par l'amour social. Car cette cellule qu'est l'homme finira par comprendre qu'elle ne peut subsister, croître et atteindre son summum de perfectionnement qu'au profit du grand organisme, l'humanité, dont elle est minuscule partie.

Ce grand organisme sera animé d'une incalculable puissance intellectuelle; élaborée par des millions de cerveaux agrandis par une intense culture scientifique, artistique et littéraire.

Les plus hautes spéculations de l'esprit seront alors accessibles à tous, leur deviendront indispensables comme le pain, comme l'eau, comme l'air.

Et cette humanité future ne sera telle, que parce qu'elle pourra puiser aux deux sources de la vie des éléments égaux d'énergie; qu'un double courant lui apportera des facultés également supérieures, que deux corps et deux esprits pareillement sains et beaux, puissants et lumineux, lui légueront santé, beauté, magnificence intellectuelle, grandeur morale.

Oui, pour que l'humanité franchisse cet échelon, d'où elle dominera l'humanité actuelle comme celle-ci domine les races des singes (1), il faudra que la femme soit l'égale absolue de l'homme.

*
* *

L'égalité sociale — mêmes droits civils et politiques que commande la plus élémentaire justice et qui n'offrira plus de dangers avec la femme complètement éclairée — sera l'œuvre de ce siècle, c'est plus que probable, et tous les grands esprits l'ont annoncé et désiré : Condorcet, Victor Hugo, Renan, Stuart Mill, Charles Fourier, Emile de Girardin, Disraëli, Berthelot, Paul Hervieu, Tolstoï, Anatole France, etc.

L'égalité intellectuelle sera l'œuvre plus lente de l'instruction largement répandue, ouverte ou même imposée à tous, hommes et femmes, sinon dans les mêmes écoles, du moins avec les mêmes programmes et les mêmes professeurs; elle sera dûe aussi à la nécessité vitale qui contraint la femme à lutter d'efforts et de science avec l'homme pour l'obtention des mêmes grades et l'accession aux mêmes emplois.

L'égalité physique, même force, même beauté, presque mêmes formes, viendra dans plusieurs siècles.

---

(1) « Qu'est le singe pour l'homme ? Une dérision et une honte douloureuse. Que sera l'homme pour le surhomme ? Une dérision et une honte douloureuse. » Nietzsche.

Mais qu'est-ce qu'un siècle pour l'humanité ? A peine une année de sa vie.

Mais, l'égalité physique, c'est-à-dire la femme dépouillée de toute la faiblesse dont elle a su se faire un charme, la femme masculinisée, est, en général, pour l'homme actuel, un véritable épouvantail.

Qu'il se rassure.

La femme des temps futurs sera infiniment plus belle que la femme actuelle, parce que sa beauté sera le produit non du goût capricieux, souvent dépravé de l'homme, mais le résultat de l'adaptation harmonieuse des organes à leurs fonctions.

La laideur est l'hypertrophie ou l'atrophie d'un membre, d'un organe, d'un trait du visage, due à la dégénérescence, au surmenage, aux vices, à la maladie, à l'excès ou à l'insuffisance de nourriture. Elle est le produit du manque d'hygiène, de l'abus ou de la privation.

La société idéale que nous entrevoyons, ayant supprimé toutes les causes de laideur, permettra à l'être humain de se développer en beauté.

La beauté c'est la suprême raison.

L'exercice successif et rationnel de tous les muscles, accompli par tous, hommes et femmes, *sans efforts*, sans fatigues, leur donnera la vigueur et la souplesse, la juste proportion des membres, l'aisance, la facilité dans l'action, qui est la grâce. Le mélange judicieux des travaux intellectuels et des besognes manuelles équilibrera le moral et le physique, créera cette beauté intérieure à l'inexprimable rayonnement, la beauté de l'esprit, illuminant le regard, resplendissant dans le sourire, transparaissant, en l'anoblissant, dans la physionomie.

Si une telle éducation dans un tel milieu doit masculiniser quelque peu la femme, elle affinera incontestablement l'homme, — puisque la force physique perd ses droits et son pouvoir, le machinisme la rendant de moins en moins nécessaire — l'homme gagnera en élégance, en délicatesse, et forcément l'homme ainsi affiné, et la femme fortifiée finiront, cela n'est point douteux, si les causes qui provoquent ces modifications persistent - par se rejoindre dans un isomorphisme presque complet.

Et quoique considérablement modifiée en son aspect la beauté humaine n'en sera que plus parfaite.

Ces types de robustesse exagérée, les Hercules, les Titans, ces géants bosselés de muscles disparaîtront, aussi bien que les types de femmes mièvres et menues, nonchalantes, incapables du moindre effort, de la moindre fatigue, véritables infirmes qui se font une gloire et un plaisir de leur infirmité, ou s'ils subsistent, ce ne sera qu'à l'état de rareté extrême, objets de moquerie ou d'effroi.

Déjà la pratique plus généralisée des sports commence à secouer la faiblesse, l'apathie et la timidité traditionnelle de notre sexe, et la femme qui traverse à la nage des bras de mer, escalade les plus hautes montagnes, dirige des automobiles et des ballons, nous offre l'esquisse de cet être futur, en qui s'allieront la force et la grâce, l'énergie et l'adresse.

La généralité de l'humanité se rapprochera des types admirables créés par la sculpture antique : l'Apollon du Belvédère, les Bacchus, les Antinoüs, si sveltes, si souples, et dont la vigueur ne se manifeste pas par des amas de muscles saillants, mais court dans les nerfs et ne rompt jamais la pureté des lignes.

*
* *

Tout nous porte donc à croire que, dans quelques siècles, une égalité parfaite régnera entre les deux sexes, mais nous avons ajouté « si les causes qui la rendent nécessaire persistent à la provoquer avec la même énergie », c'est-à-dire si l'humanité pressée, écrasée par les circonstances ennemies, continue à chercher à doubler ses moyens de résistance en employant les forces perdues de la moitié du genre humain.

Mais qu'arriverait-il si tout-à-coup, par d'autres causes, et bien avant que le trajet évolutif féminin soit terminé, le milieu changerait ? Si, par exemple, le régime capitaliste, qui occasionne en partie ces causes hostiles, était détruit et remplacé par un état de large justice sociale et d'abondance pour tous ?

La cause disparaissant entraînerait l'effet.

Une ère nouvelle s'ouvrirait alors pour l'humanité : la richesse générale succéderait à la misère commune, la famille trouverait mille facilités pour se créer, l'homme suffisant par son seul travail aux besoins des siens ; par conséquent plus de nécessité pour la femme de s'astreindre à de pénibles travaux, de chercher à atteindre de hautes situations ; par conséquent aussi plus d'utilité de sélection (reproduction assurée aux plus aptes, aux plus forts), partant plus d'évolution progressive.

Mais, pourrait-on dire, puisque le bonheur de l'humanité sera complet, qu'y aura-t-il à désirer de plus ?

« La femme, disent les socialistes, sera un être privilégié, une sorte de reine adulée, chargée de la mission sacrée d'élever l'enfant. Recevoir de l'homme comme un hommage un tribut prélevé sur son travail, cela ne vaut-il pas mieux pour la femme, que le droit de travailler comme lui ? »

Pourtant, nous ne savons quelle impérieuse voix, au fond de nous-même, nous crie : « Non, cela n'est pas préférable ! Mieux vaut le travail, mieux vaut la lutte, mieux vaut l'orgueil de conquérir soi-même sa place au soleil ! »

Et du moment qu'une femme, n'y en eut-il qu'une au monde, a senti la honte de l'hommage, compris la dignité du labeur, aspiré aux hauteurs infinies de l'Esprit, elle a créé du coup la conscience féminine, elle a réveillé une force en puissance qui ne s'endormira plus !

Mais à ces raisons que l'on pourrait taxer de raisons de sentiment d'autres s'ajoutent.

Pour les luttes grandioses de l'avenir, pour ces magnifiques envolées des intellectualités humaines, pour réaliser cette certitude de félicité universelle, il ne faut pas que la femme soit un poids mort. Au contraire, l'humanité complète, hommes et femmes, doit y concourir. Pour ce résultat inouï elle n'aura jamais assez de forces, de volontés, d'intelligences, jamais assez de génies... car la Science, qui sera le dieu versant le bonheur sur le monde, qui ira s'élargissant sans cesse, se ramifiant indéfiniment, absorbera des millions de vies ; l'agriculture, l'industrie nécessiteront des millards de bras.

Et la nature aveugle et bienfaisante, qui ne refuse jamais ce qui lui est demandé, accordera surabondamment les forces et les intellectualités nécessaires, non par un surcroît de population — ce qui serait le retour à l'ancienne misère — mais par la surélévation de la femme, par son adaptation à tous les emplois, par sa contribution à l'apport du génie, par l'équilibre heureux entre les sexes.

FIN

www.ingramcontent.com/pod-product-compliance
Lightning Source LLC
Chambersburg PA
CBHW050641170426
43200CB00008B/1114